读史与益智

影响历史的40个智慧人物和故事

丛书主编／杨东平　王　雄
本书主编／王　雄　徐渭清
编　　委／方云华　梅　冬　邓　惠　曹　伟
封明霞　孙春勇　吴　佳　王　健
李春荣　李玉莹　殷　宏

长江出版传媒｜湖北教育出版社

(鄂)新登字 02 号

图书在版编目(CIP)数据

读史与益智:影响历史的 40 位智慧人物和故事/杨东平,王雄主编.—武汉:湖北教育出版社,2011.8(2020.11 重印)
(新农村教育)
ISBN 978-7-5351-6154-3

Ⅰ.读…　Ⅱ.①杨…②王…　Ⅲ.历史人物-生平事迹-世界　Ⅳ.K811-49

中国版本图书馆 CIP 数据核字(2011)第 088053 号

出版　发行:湖北教育出版社　　武汉市青年路 277 号
网　　址:http//www.hbedup.com　　邮编:430015　　电话:027-83619605

经　销:新　华　书　店
印　刷:天津旭非印刷有限公司
开　本:880mm×1230mm　1/32　　5.75 印张
版　次:2011 年 8 月第 1 版　　2020 年 11 月第 9 次印刷
字　数:142 千字

ISBN 978-7-5351-6154-3　　定价:12.00 元

致读者

邻居家的孩子上了高中，半学期后有一次聊天谈到高中课程，他感到高中和初中课程的差异太大了。这也难怪，编写高中教材的专家们并不仅仅基于初中生的水平，而是更多地从学科发展来考虑学习内容的。

可以这么说，20年前大学里的很多前沿知识现在已经是常识，不过，对于普通人来讲，专业化的知识还很陌生。举个例子，梭伦改革很多人知道，可其遵循的中道原则常人就很陌生了。虽然，曾有不少人争论古希腊的中道与儒家的中庸之异同，但是，这里是指政府执政应该恪守的原则，即不应该只站在一个阶层的角度说话，而应该兼顾贵族和平民的利益，能理解这一点的人并不多。

此外，教材编写比较简约，不可能面面俱到，特别是历史背后的故事情节和说理阐释往往被省略很多，可是，历史没有了故事情节，就像没有了血肉的躯体，干巴巴的毫无生气；省略了说理阐释，很多道理变成了生硬而僵化的结论，这些都不利于中学生真正理解教材，也不利于他们独立思考。更何况中学生的求知欲最为旺盛，此时所读所思对今后有很大帮助。

因此，我们就想把初中、高中、大学的知识贯穿起来，编写一本适合这个年龄段学生阅读的小故事，每个故事的着眼点是用浅显的故事，体现学术发展的大致脉络，凸显历史人物的智慧，为学生将来学习和成长打下深厚的基础。其主要内容包括：

第一篇讲述的是西方政治智慧。范围从古希腊到二战后的两千多年，选编的都是在西方政治史上具有重大影响的人物和事件，基本上以治理经验和宪政历程为主线。尽管挂一漏万，但还是能够看出一个基本的轮廓。

第二篇讲述的是中国政治智慧。中国政治历史的脉络自有其道，由于篇幅有限，古代只选了两篇，更多的儒家政治思想的内容在《国学与智慧》一书中有所介绍，这一本主要选择对当今中国影响较大的内容，而且尽可能选择一个细节来管中窥豹，比如古代的民本思想、儒家的富民论、法家的富国论等。

第三篇讲述的是经济学智慧。经济学对现代社会的影响巨大，可是绝大多数中国人没有机会学习世界经济学史。理性精神和经济学思维方法与每个人的生活密切相关，我们尽可能从生活出发，提供一些利于读者理解的材料，使他们能够深入思考。这一部分选择了西方经济学史上最为重要的12位经济学家，将经济学的基本知识融会其中，希望能够让学生从小就能够掌握这些与其生活密切相关的基本知识，并拥有经济学的思考方式。

第四篇讲述的是法学智慧。法学似乎离中学生的生活很远，中国人的传统观念是无讼，即最好不要打官司，“走关系”成为惯例，这对于建立法治国家非常不利。传统社会文化观念需要不断用新的观念来撞击，传统的思维方式也需要用新的思维方式来替代，在法治观念缺失的现实中，至少要让新一代人知道什么是对，什么是错。因此，本书选择了9个法治史上重要的人物和故事，让普通人能够从中看到生活中的“常识”有时是不妥当、不正确的。

书稿完成到交稿付印，遇到几位教师，他们翻看后，都感到这些内容很不错，正好弥补知识体系中的空白。因此，这本书也可以帮助对经济、政治、法学有兴趣的成年人掌握一些基础的人文知识。

好了，现在我们期待着读者的评议，不论是通读还是随便翻翻，我们都希望能够得到批评或建议，以帮助改进和完善这本小书，也希望这本书能为中学生的成长奠定坚实的基础。

编　　者

目 录

CONTENTS

一 西方政治智慧

二 中国政治智慧

三 经济学智慧

四 法学智慧

一 西方政治智慧

古希腊爱琴海边有一个名垂青史的城邦——雅典。在它的强盛时期，几乎控制了古希腊大部。它是古希腊文化的中心，以其艺术、哲学、戏剧和历史成就而举世闻名。公元前 6 世纪的雅典，正处在一个动荡不安的时期。贵族、富人占有最好的土地，贫苦农民由于还不起债务而成为奴隶，广大的平民则被剥夺了政治权利。梭伦在一首诗中描述道："灾祸走进了每一家，院门也挡不住它；它飞过高墙，即使主人逃到屋子的角落里，它还是能找到他。"

撰写/徐渭清

1 政治的新道路

——梭伦改革遵循的中道原则

公元前594年的一个清晨，雅典的中心广场上一片欢腾的景象，来自城邦及其周围成千上万的农民、手工业者和新兴的工商业奴隶主，正急切地等待着一个重要时刻的到来：新上任的首席执政官梭伦将在此宣布一项重要的法律。

只见梭伦在众人的注视下大步登上讲坛，他环顾四周，径直走到一个大木框前。此时，嘈杂的广场立刻变得鸦雀无声，人们凝神屏息，视线随着梭伦不约而同地投向了那个大木框。梭伦用手一拨，将架在木框中的木板翻转过来，刻在木板上的新法律条文便呈现在人们面前。人们不住地欢呼着："梭伦颁布新的法律啦！我的土地终于可以要回来啦！我们不再是奴隶啦！"不时有人应和着："梭伦！梭伦！"欢呼声响彻天际。

梭伦是谁？他做了什么事能让当时的雅典人如此兴奋、如此疯狂？

古希腊爱琴海边有一个名垂青史的城邦——雅典。在它的强盛时期，几乎控制了古希腊大部。它是古希腊文化的中心，以其艺术、哲学、戏剧和历史成就而举世闻名。公元前6世纪的雅典，正处在一个动荡不安的时期。贵族、富人占有最好的土地，贫苦农民由于还不起债务而成为奴隶，广大的平民则被剥夺了政治权利。梭伦在一首诗中描述道："灾祸走进了每一家，院门也挡不住它；它飞过高墙，即使主人逃到屋子的角落里，它还是能找到他。"

雅典这样的状况使得贵族和平民的矛盾极度尖锐，社会动荡不安。另外，作为一个沿海城市，雅典在工商业的发展上有着得天独厚的优势，部分平民因从事工商业迅速富裕起来。但因为贵族的种种劣行，使得雅典国内市场极度狭小，严重制约了工商业的发展。而且，从事工商业的平民因为出身卑微，无法参与国家管理，常常受到贵族的排斥与打压。在这样的情况下，雅典平民不满的声音不绝于耳，甚至出现了平民联合起来反抗贵族的事件。公元前6世纪初，随着矛盾的激化，冲突随时可能一触即发。

就在这种局势下，梭伦临危受命，所有的雅典人都把希望寄托在他的身上。出身贵族，经营过商业，同情平民，又是知名诗人的梭伦成为备受人们期待的执政官。富人希望他执政是因为他家庭富裕；穷人也希望他执政，是因为他虽然出身贵族，但却深切同情平民的疾苦，而且因为他年轻时经过商，政治上倾向于工商业阶层。正因为他这种特殊的身份，所以贵族和平民都推举他为执政官，让他担负起仲裁者的使命。梭伦改革是以公正、公平为基础，以达到公民内部各阶层利益的平衡为目的的，这决定了他的改革必定带有民主化色彩。

在公平、公正思想的指引下，梭伦制定了一整套法律，推行了一系列政治经济改革，把民主精神引入了雅典这个饱受贵族政治摧残的城邦。梭伦在雅典的中心广场指着木板用洪亮的声音庄严宣布："从现在开始，由于欠债而卖身为奴的公民，一律释放！所有债契全部作废，被抵押掉的土地归还原主！因欠债而被卖到外邦做奴隶的公民，由雅典城邦拨款赎回！这项新法律的有效期为一百年！"广场上立刻欢声雷动，特别是那些欠债的农民，更是大声地欢呼叫好。当然，贵族、富人们不高兴了。梭伦做出了榜样，他带头放弃了别人欠他父亲的一大笔钱，并鼓励富人们也这样做。

梭伦还采取了一系列措施来发展生产，振兴雅典。他规定：奖励人们植树造林、开凿水井；打死一只危害家畜的狼可得相当于五只羊的奖励；如果父亲没有教会儿子一门谋生的手艺，就不得强迫儿子赡养他；外来移民中，技艺熟练的工匠可以优先获得雅典的公民权，等等。

在政治方面，梭伦把雅典公民划分为四个等级。谁的财产多，谁的等级就高，享有的政治权利也就越多。第一等级的公民，可以担任执政官、国库官等最高的职位；第二、第三等级的公民，可以担任一般官职；而最贫穷的第四等级公民，则不能担任任何官职。他还规定：雅典所有成年的公民，无论贫富，都有参加公民大会的权利，城邦的所有领导人都由公民大会选出。同时，梭伦还制定了新法典取代德拉古的严酷法律，只保留了其中有关杀人罪的部分，使整个雅典法较有人道色彩。

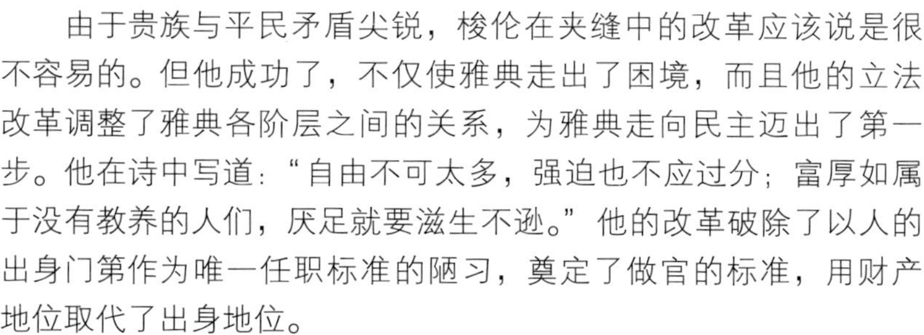

由于贵族与平民矛盾尖锐，梭伦在夹缝中的改革应该说是很不容易的。但他成功了，不仅使雅典走出了困境，而且他的立法改革调整了雅典各阶层之间的关系，为雅典走向民主迈出了第一步。他在诗中写道："自由不可太多，强迫也不应过分；富厚如属于没有教养的人们，厌足就要滋生不逊。"他的改革破除了以人的出身门第作为唯一任职标准的陋习，奠定了做官的标准，用财产地位取代了出身地位。

梭伦能够坚守中道是因为他对人性有一种透彻的认识。他在改革中虽然帮助穷人，但并不赋予穷人和富人两方任何一方以道德上的优越性，不讨好任何一方。他知道富人固然常常是"为富不仁"，但穷人占有了财富后同样也会如此，过度积聚的财富像权力一样会腐蚀任何人。同时，他将调停平民与贵族之间斗争的"契约"用法律的形式明确了下来。他不期望为雅典人制定"最好的法律"，而是制定"他们愿意接受的最好的法律"。他主张在法律面前人人平等，正如他所说的："我制定法律，无贵无贱，一视同仁，直道而行，人人各得其所。"

这种渗透在改革中的“中道”精神和温和的价值观与其他地方“你死我活”的政治斗争形成了鲜明的对照，梭伦的这些改革措施，创立了新的政治制度和国家机构，为雅典民主政治开辟了一条新道路，建立了适合民主制发展的社会管理机制，奠定了雅典民主政治的基础。同时，他的改革改善了广大平民的经济地位，缓和了阶级矛盾，促进了社会生产力的发展。梭伦改革后一百年，雅典终于成为一个经济繁荣、政治民主、文化昌盛、国力强大的城邦。

梭伦制定的这一系列法律条文均刻在木板或石板上，镶在可转动的长方形框子里，公之于众。梭伦首席执政官任满后，即放弃全部权力离开雅典去远游了。据说他到过埃及、塞浦路斯、小亚细亚等地，一路上留下不少佳话和美谈。晚年他退隐在家，从事研究和著述。公元前560年，这位古代民主政治的奠基者溘然长逝。他的遗体被火化，骨灰撒在他曾为之战斗过的萨拉米岛上。

撰写/徐渭清

 因为政权在全体公民手中

——伯利克里的爱国主义宣言

伯利克里出生于雅典一个显赫的家族，是雅典最富有的人之一，他与许多哲学家、艺术家都是好朋友。伯利克里的青少年时代是在希腊同盟抗击波斯帝国侵略者的岁月中度过的。在这场战争中，雅典与其他古希腊城邦同心抗敌，凭借海上舰队的优势取得了大败波斯军的辉煌胜利，一跃而为古希腊最强大的城邦，当时的雅典经济繁荣，文化昌盛。怀着对自己国家的热爱和作为雅典公民的自信与自豪，伯利克里登上了雅典的政治舞台。

从公元前443年到公元前429年，伯利克里每年连选连任雅典最重要的官职——首席将军。在他的领导下，雅典的奴隶制经济、民主政治、海上霸权和古典文化臻于极盛。他刚正不阿，廉洁奉公，有眼光，善演说，坚毅冷静，气宇不凡，具备一个优秀政治家的品格和气质。

为了广泛接近民众，伯利克里经常到大庭广众之中和普通百姓交谈，听取他们的意见，即使遇到反对他的人当面辱骂他，也从不动怒，更不随意抓人。一天晚上，在他步行回家的路上，一个贵族跟在他身后辱骂他："你这个疯子！真无耻！你出身贵族，却忘掉了自己的朋友，竟然去结交那些下贱的百姓！"这个人就这样一路尖声叫骂着，尾随他到了家门口。看看天已经黑了，伯利克里让仆人打起火把，把骂他的人送回家去。

爱琴海哺育了古希腊文明，在城邦林立的希腊半岛上，雅典堪称全希腊的学校。它不仅拥有发达的商品经济和璀璨的文化艺术，而且还以高度发达的民主政治闻名于世，使古希腊在世界范围内率先确立起了人类历史上最早的民主制度。经过梭伦改革、克利斯提尼改革，到伯利克里时期，雅典民主政治达到了辉煌的顶峰。伯利克里在任职期间，对政治、经济、军事、文化多方面进行了改革。

从公元前462年开始，雅典公民大会在伯利克里的推动下，逐步通过了一系列的法令和措施，主要有四个方面：

1. 剥夺战神山议事会的政治权力，使之分别归属公民大会、五百人会议和陪审法庭。此后，战神山议事会只审理带有宗教性质的案件和事务。公民大会、陪审法庭和五百人会议摆脱了战神山议事会的牵制，完全成为雅典的最高权力机关和执行机构。

2. 除十将军外各级官职向广大公民开放。公元前457年后，第三等级公民取得了担任执政官的资格，后来第四等级公民事实上也被允许担任此职。于是雅典全体男性公民基本上都获得了不受财产限制，通过抽签、选举和轮换而出任各级官职的平等的权利和机会。

3. 实行公薪制。在雅典，军人、法官、议员和其他政府工作人员起初都是没有薪金的，军人要自己掏钱买武器和马匹。这样一来，这些职位都被有钱人占据了。伯利克里执政后规定：军人和一切公职人员都由国家支付薪金。这就为贫苦公民参加政权管理提供了一定的物质保证。这样，一般公民也能当军人、法官、议员了，公民的民主权利扩大了。伯利克里还给穷人发放“看戏津贴”，使他们也有文化娱乐的机会。在伯利克里执政时代，雅典每年因担任公职和服军役而从国家领取薪金或津贴者达两万人，约占成年男公民总数的三分之一。

4. 限制取得雅典公民身份的范围。公元前451年，伯利克里规定，凡父母双方皆为雅典公民者才能获得雅典公民权。

经过伯利克里的苦心经营，雅典的民主政体日益完备。伯利克里不仅是一个政治家和军事家，而且是古希腊文化的推崇者和倡导者。他的理想和抱负是要使雅典不仅登上希腊世界霸主的宝座，而且成为“全希腊的学校”。这个时代是希腊古典文化高度繁荣的时代，古希腊著名的学者文人和艺术大师都来到雅典，聚集在伯利克里的周围，授课讲学，寻求真善美，探索宇宙的奥秘和人生的真谛。

伯利克里当政时做了一件意义非同寻常的大事，这对日后雅典以至整个希腊的文化艺术及工商业产生了重大影响。这件大事是：重建公元前480年被波斯军队放火烧毁了的雅典城。在他的主持下，一批知名的雕塑家、建筑师、工艺家云集雅典，把这座古城装饰得十分雄伟、壮丽。不久，许多闻名于世的建筑陆续屹立于雅典城。可容纳14000名观众的露天剧场，经常上演一些著名剧作家的悲剧和喜剧，其中不少剧作对欧洲的戏剧产生了很大影响；专门用于诗歌演唱和比赛的音乐堂，经过精心设计，具有良好的音响效果。位于雅典中心的卫城是最出色的建筑群，它建在150米高的陡峭的山巅上，全部用大理石修建而成，城中有雅典最著名的帕提农神殿和智慧女神雅典娜的铜像。

伯利克里为发扬光大希腊古典文化作出了卓越的贡献，他的文化政策是与其政治、经济和对外政策紧密相连的。无论是修建公共工程还是举办节日演出，其目的全是为了巩固民主政治，改善广大公民的物质文化生活，促进工商业的发展，树立雅典的光辉形象，使雅典成为当时希腊各城邦景仰和向往的地方，真正成为了“全希腊的学校”。

公元前430年，在为阵亡将士举行国葬的典礼上，伯利克里发表了具有历史意义的重要演说。他从制度和生活方式上热情地歌颂了雅典的伟大成就，清晰透彻地表述了他的政治理想，同时也在某种程度上总结了他多年来的政绩。伯利克里明确宣布：“我们的制度之所以被称为民主政治，因为政权是在全体公民手中，而不是在少数人手中。”“我们为有这样的政体而感到喜悦。我们不羡慕邻国的法律，因为我们的政体是其他国家的楷模，而且是雅典的独创。”这篇演说词成为不朽的传世经典，其蕴涵的勇气和力量深深地激励着后人。

雅典的民主制度为公民创造了很多的参政机会，激发了公民自由、开拓的精神，推动了雅典社会、经济和文化的发展，具有历史性和进步性。

撰写/徐渭清

3 现代政治学的起源

——马基雅维利的《君主论》

马基雅维利是公认的西方政治学之父，也是公认的“邪恶的导师”。据著名思想史家伯林的统计，人们至少给他不下20种头衔：“恶魔”“魔鬼的搭档”“强权政治的维护者”“失意的官场政客”“共和主义的讽刺作家”“唯科学主义者”等等。他的惊世骇俗之作《君主论》，被哲学家罗素斥为“恶棍的手册”。

1559年，《君主论》发行不到30年，就在欧洲被列为禁书。虽然马基雅维利受到天主教和新教的共同反对，被视为异教徒，但《君主论》却依然是各国君主和统治者的案卷书。英王查尔斯五世对《君主论》“爱不释手”。英国资产阶级革命的领袖克伦威尔一直珍藏着一部《君主论》的手抄本。法国国王亨利三世和亨利四世在遭暗杀时，随身都带着一部《君主论》。普鲁士国王弗里德里希一直把《君主论》作为自己每天睡前的必读书。曾经在欧洲所向披靡的拿破仑最终在滑铁卢折戟沉沙，人们在打扫战场时，在他的战车中发现了一部写满批注的法文本《君主论》。

马基雅维利出生在佛罗伦萨一个没落贵族家庭，父亲曾是一名律师，但当他出生后，家中除了四壁图书外已经一无所有，所以他没有多少受教育的机会，完全依靠自学。15 世纪的意大利，经济上开始衰退，政治上四分五裂，各个城邦在罗马教皇的支持下长期处于敌对状态。罗马教会既无能力去统一意大利，又不让其他势力来完成统一大业，这使得意大利成为被邻国任意宰割的羔羊。

马基雅维利是统一的中央集权民族国家的坚决倡导者。他认为，由于教皇和教会的存在，各城邦的彼此嫉妒和相互蔑视，使意大利丧失了中世纪时期在商业和贸易方面的领先地位，而且因没有形成统一的民族国家而备受西班牙、法国和德国的蹂躏。面对意大利由于长期的政治分裂造成的内忧外患，马基雅维利认为只有建立起一个统一的集权统治国家，才能抵御外侮、消除内乱。虽然他本人非常向往、崇尚共和制度，但同时也主张国王运用手中的权力，动用一切公开或隐蔽的手段将意大利从水深火热中拯救出来。

1512 年，马基雅维利的《君主论》写成。《君主论》是一部惊世骇俗之作，对整个世界的政治思想和学术领域都产生了极为重要的影响。它作为第一部政治禁书而为世人瞩目。在人类思想史上，还从来没有哪一部著作像《君主论》这样，一方面受着无情的诋毁和禁忌，另一方面却获得了空前的声誉。甚至有人说它像一本“恶棍的手册”，因为它触及了道德信念在政治思考中的位置，在很长时期内受到了猛烈的攻击。

作为一部著名的政治学经典，《君主论》是欧洲历代君主以及政治家的最高行动指南，书中阐述的政治理论，成为后世统治阶级所奉行的治国原则。《君主论》中主要阐述了三方面的思想：

第一，用君主专制制度来统一四分五裂的意大利。当时马基雅维利生活在混乱腐败的意大利，虽然他向往共和政体，但是意大利的现实，使他认识到意大利只能实行君主制，只有依靠强有力的王权才能摆脱罗马教会的控制，打击封建贵族的势力，结束封建割据状态，实现民族和国家的统一。基于此，他赞成用王权统治来镇压劳动人民的反抗。

第二，强大的军队是国家统一兴盛的基础。当时的意大利主要有三种军队形式，分别是雇佣军、援军和少部分的意大利军队。马基雅维利认为“任何一个没有军队的君主国都是不稳定的”。

第三，君主统治的权术之道。马基雅维利在此提出了著名的狮子和狐狸的比喻，他主张君主要效法狮子和狐狸，“由于狮子不能防止自己落入陷阱，而狐狸则不能抵御豺狼，因此，君主必须是一只狐狸，以便认识陷阱；同时又必须是一头狮子，以便使豺狼惊骇”。也正是这种思想，使他常受到人们的攻击。

在书中，马基雅维利是一个绝对的君权拥护者，也是一个鼓吹暴力和权术的谋臣。有人把他称为历史上第一位无情的解剖师。他把欧洲历史上所有的阴谋诡计一一揭穿，毫不留情地告诉人们他周围这些道貌岸然的人内心的真实面目，并告诉人们应该如何做。因而，在反对者眼里，马基雅维利就是教人如何学坏，是狡猾奸诈的代名词。莎士比亚说“凶残的马基雅维利”，利奥·斯特劳斯则将其视为“邪恶的导师”；但在支持者眼里，他是历史的伟人，被称为“现代政治学之父”。

马基雅维利在《君主论》中提出“政治无道德”，挑战了“为政以德”“以德服人”的思想，剖析了道德与政治的关系。他认为君主为达到目的不必顾及道德，为了良好的目的可以采取一切手段，即手段至上。他认为君王们可以超越正常的道德规范的约束。此观点历来所受非议颇多，也正是如此，马基雅维利被视为把政治与伦理分离的第一人，他使政治学作为一门独立的学科开始发展起来。

《君主论》影响了希特勒、墨索里尼等人，但《君主论》也让全世界人民了解了权力的真相。法国启蒙思想家卢梭说：“马基雅维利自称是在给君主讲课，其实他是在给人民讲大课。”在漫长的封建社会，只有君主才拥有一切权力，他们可以为所欲为，人民长期把自身的幸福寄托在君主身上，遇到昏庸无道的君主，人民就身处水深火热中，只有英明的君主才能够让一个国家繁荣昌盛。

马基雅维利最后的结局并不好，沦落到为各方猜忌排斥的地步，在贫困交加、有志不得伸的困境中离世。对此，伏尔泰一语道破："因为他泄露了天机""他从不对自己的思想加以掩饰，而把自己看透的权力政治中的权术和盘托出；他聪明绝顶，但还没有聪明到善于隐藏自己的聪明并消除别人疑惧的地步。"

随着社会的发展，人民的力量在增长，如今，君主一统天下的时代已一去不复返，人类已经有足够的能力直面"邪恶"的权力，对公权力的制约与监督手段日益增多也日渐有效。

撰写/徐渭清

4 国家是海中怪兽

——霍布斯的《利维坦》

"Leviathan"的字意为"裂缝"，西方的神话传说中利维坦是一种食人海兽，在《圣经》中是象征邪恶的海怪，通常被描述为鲸鱼、海豚或鳄鱼的形状，拥有坚硬的鳞甲，锋利的牙齿，口鼻喷火，腹下有尖刺，令人生畏。利维坦沉睡在大洋深处，它巨大无比，足以将整个世界环绕。在基督教中利维坦成为恶魔的代名词，并被冠以七大罪之一的"嫉妒"。传说，上帝在创造天地的第五天创造了山和海，第六天用黏土创造了利维坦。在上帝造人之后，人类请求上帝："上帝啊，我们太弱小了。请你再创造一个英雄吧，让他保护我们。"上帝说："英雄在保护你们的同时，也会欺压你们，吃你们。"生活在地上的人类面临着诸多的风险，尤其是野兽和外敌的侵扰让人类的生活不得安宁。于是人类请来了海兽利维坦帮忙，在利维坦的帮助下，人类很快就赶跑了野兽、击退了外敌，当人类认为生活可以安宁的时候却发现，利维坦成了人类最大的祸患——这个庞大的海兽每天都要食人肉、喝人血……

英国政治思想家托马斯·霍布斯（Thomas Hobbes）于1651年出版了他以怪兽Leviathan命名的著作——《利维坦》。当时的书名是《利维坦：教会国家和市民国家的实质、形式和权力》，初版的封面卷头插图也非常有名，描绘

的是一个戴着王冠的利维坦巨人，他一手持剑，一手持杖。巨人的身体则由无数的人所构成，象征着君权的强大。所以，这部政治学著作中说的“利维坦”当然不再是水怪，而是由人类创造的“活的上帝”，人间的“国家怪兽”。用霍布斯的话说：国家——伟大的利维坦——是一个人工模造的巨人。其中，主权是它的灵魂，官员是它的关节，奖惩是它的神经，财富是它的实利，安全是它的事业，顾问是它的记忆，公平法律是它的理智，和平是它的健康，动乱是它的疾病，而内战则是它的死亡。

现实生活中，人类时刻面临许多困难与风险，为了抵御各种外来的风险，人们创造了一个能让他们有归属感的“庞然大物”——政府，但政府有双面的“性格”：它由人组成，也由人来运作。政府在保护人民的同时，往往又在欺压人民。因此，政府也就具有了人性的那种半神半兽的品质。学者们往往将一个吃人的专制政府称为利维坦，所以，人类社会的最高政治理想就是把利维坦关进笼子里，即用宪法约束政府，约束公权力。

托马斯·霍布斯出生于一个英国乡村牧师家庭，他出生的那一年，英国打败了西班牙的无敌舰队。他自幼聪颖，熟读古典著作。15 岁进入著名的牛津大学学习，精通希腊文和拉丁文。大学毕业后，霍布斯留校担任逻辑学教师。22 岁时，也就是 1610 年，好运开始向他招手。由于校长的推荐，他来到大贵族卡文迪许家担任家庭教师，他的学生后来成了德芬郡的伯爵，并成为霍布斯事业的赞助者。当时，英国贵族子弟都喜欢到法国和欧洲大陆其他国家作周游旅行，人称“大周游”（The grand tour）。霍布斯也曾伴随他的弟子周游欧洲大陆，这使他的视野更加开阔。他知道了伽利略和开普勒的成就，了解到近代科学的最新进展。1628 年，德芬郡伯爵去世后，霍布斯曾住在巴黎，专心致志地研究几何学。

1636 年，霍布斯到意大利游历，在那里拜访了科学巨匠伽利略，是年霍布斯 48 岁，伽利略已年逾 70，两人相谈甚欢，竟成忘年之交。

1640 年，英国资产阶级革命爆发，霍布斯由于政见不同，逃往巴黎。这是一次流血的革命，英国资产阶级推翻了查理一世的统治，建立了新的政权。但是革命中的英国可谓内忧外患不断：对外，统一的民族国家还未形成，没有强大的常备军和海军，使英国不足以应对海上强国如荷兰的挑战；对内，宗教纷争不断，国王和议会相互牵制。国家统治秩序的动摇让霍布斯十分焦虑。1649 年，英国国王查理一世被送上了断头台，英国废除君主制，建立了共和国。英国政治形势的发展，为《利维坦》的写作提供了更为充实的材料。

《利维坦》是近代西方第一部系统阐述国家学说的著作，在西方思想史上有很大的影响。全书分四篇：第一篇“论人”，将人的生命看做一种机械的运动，认为趋利避害、自我保存是人生命运动即人性的根本原则。在没有任何政治权威的自然状态中，人们为了私利而争斗，呈现出一切人反对一切人的战争状态。第二篇“论国家”，主要论述自然状态中的人出于对死亡的畏惧，在理性指引下，相互间订立契约，放弃个人的自然权利，把它交付给一个人或由一些人组成的会议，从而组成国家。主权是国家的本质，主权者的权力是绝对的、不可分割的，臣民对主权者必须绝对服从，但又强调国家的作用在于保护个人的安全。第三篇“论基督教国家”和第四篇“论黑暗王国”，主要揭露罗马教会的腐败堕落和教皇侵犯世俗权力的行径，提出了政教合一、教权服从王权的主张。

一般来说，凡主张专制、集权者，大多会给统治者套上一个神圣的光环。他们认为君主的权力是“上帝”或“神”赐予的，因此，平民与君主生来就不平等。而霍布斯则认为，每个人生而平等，君主的权力来自于人民的“同意”与“授予”。国家作为凌驾于所有个人之上的“强制性权力”，它的合法性并非来自别处，而恰恰是来自“授权人”本身，国家的权力是“被授予的”，国家根据授权行事，也就是根据人民的委托或准许而行事。总之，国家是一种强制性权力，但它又是一种公共性权力，它产生于人类和平与自我保护的需要。难怪《利维坦》虽是鼓吹君主专制的，但此书一出版，就招致了各方面的反对。斯图亚特王朝流亡的王党分子对霍布斯恨得咬牙切齿，骂他从根本上动摇了“君权神授”的理论基础。法国当局也反对他，是因为霍布斯对教会的攻击超越了法国人能够容忍的限度。

1660 年，英国斯图亚特王朝的查理二世复辟。查理二世登位不久，就想起了老师霍布斯。于是，准许其自由出入宫廷，并发给他每年一百镑的养老金。国王还在寝室挂起了霍布斯的画像。霍布斯也发表了效忠王室的声明。不过，宫廷大臣们对国王如此厚待一个无神论者感到十分愤懑，教会人士更是厌恶他。于是，霍布斯遭到了来自各方面的攻击和迫害。1665 年的大瘟疫和 1666 年的伦敦大火之后，教会人士宣称，大瘟疫是由于无神论思想的传播致使上帝发怒而降临的惩罚。国会也认为，伦敦骚乱引起大火是由于自由思想的泛滥所造成的。于是国内掀起了一股政治迫害之风。下议院通过了一项查禁渎神作品的法案，并成立了专门的调查委员会。霍布斯的《利维坦》一书成了首当其冲的攻击目标。由于国王的保护，霍布斯没有受到太大伤害，不过他从此不能在英格兰发表任何有关人类行为的著作了。他的许多著作到他死后才得以出版。

在现实的政治生活中，往往是一旦“利维坦”的权威遭到挑战，统治者的独断专行就会践踏人民的意志。这时的“利维坦”就不再是和平的保卫者，而变成一个残暴无比的怪兽，它很有可能会吞噬公民的权利和自由。这也正是“利维坦”魔鬼般可怕的一面，这时人们就需要把“利维坦”关进笼子里。那个笼子是什么呢？有人说是制度，有人说是契约，还有人说是民主，后来资产阶级启蒙思想家洛克、孟德斯鸠等人对此提出了很多设想。关禁“利维坦”难，加固笼子更难，人类民主的道路任重道远。

撰写/徐渭清

5 “革命”也光荣

——1688 年英国的宫廷政变

从 1640 年开始，英国人民为了争取自由与民主，为了改变专制王权统治，爆发了资产阶级革命。1649 年，英王查理一世被送上了断头台，英国建立了共和国，但是共和国的建立没有使英国走上自由民主的道路，反而引来克伦威尔的军事专制统治及查理二世的王朝复辟。查理二世一上台，马上对革命进行了疯狂的反攻倒算。他残酷迫害过去的革命者，把凡是参加过审判查理一世的人都加以“弑君者”的罪名，判处重刑。活着的一律处死，死去的也不放过。克伦威尔的尸体从坟墓里被挖了出来，吊在绞刑架上，然后头又被砍掉挂在审判查理一世的威斯敏斯特厅里示众。

1685 年，查理二世去世，他的弟弟詹姆士二世即位。詹姆士二世是个狂热的天主教徒，他比查理二世更加反动。他一心一意想恢复天主教在英国的统治，恢复封建君主专制。他任命天主教僧侣担任国家职务，释放大批被捕的天主教徒，在宫廷里举行天主教的祈祷仪式，在牛津成立出版社，印发天主教的宣传品。詹姆士二世的统治严重损害了资产阶级和新贵族的利益，也遭到了广大人民的反对。

由于这时詹姆士二世已经年老，又没有儿子，因此英国资产阶级和新贵族决定暂时忍耐，准备等詹姆士二世老死后再说。但是詹姆士二世竟然老来得子，其信仰英国国教的女儿玛丽没有希望继承王位。为防止天主教徒承袭王位，资产阶级和新贵族决定推翻詹姆士二世的统治。他们决定通过议会，派遣代表去荷兰迎接詹姆士二世的女儿玛丽和女婿威廉来英国，保护英国的宗教、自由和财产。

1688 年 6 月 20 日，是詹姆士二世喜得贵子的日子，宫廷沉浸在一派喜气洋洋的气氛中。但是，正因为这个新生男孩，却使一场蓄谋已久的政治危机开始逼近王宫，而詹姆士二世却浑然不觉。11 月，他的女婿——已远嫁荷兰的长女玛丽的丈夫、荷兰执政威廉，突然率领一万多人的军队在德文郡的托尔湾登陆，直驱伦敦。威廉宣称詹姆士二世的儿子是冒充的，要求恢复他的妻子玛丽的国王继承权。詹姆士二世又惊又气，立即召集了大批军队以应敌。威廉进入英国后，受到了贵族和乡绅们的支持，许多高级军官亲自到威廉的驻地表示支持，甚至詹姆士二世的二女儿和女婿都背叛了他，最后詹姆士二世内外交困、众叛亲离，逃亡至法国。这是一次没有经过流血而完成的政变，所以又称“光荣革命”。

1689年1月，英国议会在伦敦召开了全体会议，宣布詹姆士二世下台，由威廉和玛丽共同统治英国，称威廉三世和玛丽二世。同时议会向威廉提出一个《权利宣言》，即《权利法案》。宣言谴责詹姆士二世破坏法律的行为；指出以后国王未经议会同意不能停止任何法律效力；不经议会同意不能征收赋税；天主教徒不能担任国王，国王不能与天主教徒结婚等。威廉接受了宣言中提出的要求。

“光荣革命”实质上是资产阶级发动的一场政变，它对英国历史的发展有重大意义，奠定了现代英国的基础。

首先，表面上看英国的“光荣革命”只改变了一个国王，而接替王位的又是他自己的女儿和女婿，因此事件看起来像是一次家族内部的权力变动，完全不是什么“革命”。但在“光荣革命”中，议会缔造了一个国王，没有议会，这个国王登不上王位。国王是根据议会的条件登上王位的，并许诺要服从议会的法律。这样，议会和国王的关系就完全反转了，不再是议会屈从于国王，而是国王从属于议会。在以后的岁月里，统治国家的是议会，而不是国王。它将英国由一个君权神授的君主独裁制国家变成了一个君权受限的君主立宪制国家。

其次，“光荣革命”缔造了一个自由、宽松的政治、社会环境，经济活动不再受约束，这为英国资本主义经济的发展创造了条件。

第三，“光荣革命”开辟了一条英国式的发展道路。“光荣革命”被历史学家和政治学家们奉为人类历史上政治妥协的经典案例。“光荣革命”的发动者企图做的是一件极奇特的事：他们要推翻专制王权，同时又不愿意发动革命，因为他们恐惧革命带来的激烈动荡。英国资产阶级想同时解决两个问题，即既不要革命，又推翻专制。而“光荣革命”确实做到了这些，而且英国人发现，“光荣革命”用和平手段解决了革命未能解决的问题。从表面上看，“光荣革命”没有改变英国的君主制，也没有改变国王的地位。但是国王和议会达成和解，议会承认国王的地位，国王则承认议会的权力，各派政治力量达成了妥协。从此，英国不再发生革命，和平与渐进成了社会变革的手段。

在“光荣革命”后，英国社会经历了巨大的变动，君主立宪制这种资本主义政治制度在英国逐步确立发展，这为英国的工业革命提供了合适的社会土壤，因此有经济史学家说道：“工业革命之所以首先发生在英国，主要是由于英国的社会和政治结构、人民的精神面貌以及价值标准已经发展到适合于工业化的程度。”总之，通过“光荣革命”，个人的专制时代结束了，英国社会实现了从绝对王权向民主制的转化。英国近代民主政治的演进过程基本上是以“光荣革命”所确立的议会制的原则为基础。

“光荣革命”的历史意义是重大的，正如一位英国人谈到英国后来的发展时所说:“大不列颠的确是各国中最适合于商业的国家,这是由于它的岛国的位置,同样也是由于它的政体的自由和优越性所致。”这个制度,是在“光荣革命”中创造的。英国后来能引领世界历史的潮流,它在政治制度方面的创新是根本的因素。

政治学家是这样评价英国的政治制度演进的:“较少的腥风血雨,较少的声色俱厉,较少的深思高论,只有一路随和,一路感觉,顺着经验走,绕着障碍走,怎么消耗少,怎么发展快就怎么走……温和中包含着刚健,渐进中累积着大步。”

撰写/徐渭清

6 从常识出发

——世界公民潘恩

1775 年 4 月 19 日，英国在北美的殖民地爆发革命，波士顿人民在莱克星顿打响了北美独立战争的第一枪。随后，北美人民在华盛顿的领导下，走上了反抗英国殖民统治的道路。到了 1776 年 1 月，美国独立战争已经打响 9 个月，但是人们的思想意识还是一片混乱。华盛顿每天带领大陆军紧张战斗，对革命前途一片懵懂茫然，以至于出现了这样可笑的局面：当英王四处调兵遣将围剿大陆军时，华盛顿和他周围的军官们却在前线的晚餐中“为英王的健康干杯”。他们只反对英国议会而不反对英王，有点类似梁山好汉“只反贪官，不反皇帝”，这种蒙昧怯懦的不智之举，直到 1776 年 1 月 10 日潘恩写出《常识》才结束。

潘恩明确指出：英王是北美万恶之源，要为英国在北美的行为负最主要责任。他大声疾呼：“让我们为宪章加冕，北美的法律就是国王!”他不仅为战争发展指明了方向，也为战后的共和之路指明了方向，可以说是当之无愧的现代美国的思想之父。华盛顿也承认《常识》“在很多人心里，包括我自己在内，引起了一种巨大的变化”。至少在《常识》问世之后，华盛顿及其战友再没有为英王的健康干过杯。

潘恩原本是英国人。1737 年 1 月 29 日，他出生于英格兰诺福克郡一个贫困的裁缝工人家庭。潘恩只读过几年书，13 岁那年，就因家境困难而辍学，在他父亲的作坊里当学徒。16 岁时，潘恩当上了水手。此后他又做过鞋匠、英语教师和地位低下的收税官。1772 年，他代表收税官同政府交涉，要求增加工资，起草了《收税官们的状况》的请愿书。1774 年 4 月，潘恩作为“闹事”的“祸首”被革职。同年秋，潘恩拜访了在伦敦的富兰克林，请他写信介绍自己去北美大陆。12 月，潘恩来到北美，在费城担任家庭教师。

1776 年 1 月 10 日，潘恩匿名出版了他那本惊世骇俗的小册子。在这本小册子中，他宣称这些真理如常识一样自然可信：“乔治三世只不过是大不列颠皇家畜生”，他是北美事件的万恶之源。英国王室并不神圣，因为据英伦三岛征服史记载，英王的“始祖是某一伙不逞之徒中的作恶多端的魁首”，“和解与毁灭密切相关，独立才是唯一的出路”，“现在是分手的时候了，英国属于欧洲，北美属于它本身”，“独立之后，实行共和政体而不是恢复英国留下的制度”，“让我们为宪章加冕，北美的法律就是国王”，“推翻国王这一称号，把它分散给有权享受这种称号的人民”，“只要我们能够把一个国家的政权形式，一个与众不同的独立的政体留给后代，花任何代价来换取都是便宜的”。

《常识》一出，犹如划破黑夜的枪声，令人振奋。几个月内，这本不过 50 页的小册子在当时仅有 250 多万人的北美殖民地竟然发行了 50 余万册，在社会各阶层中产生了巨大的影响，作为“穷人的圣经”而“成为平民所珍爱的熠熠杰作”。在许多大陆军士兵的背囊中，都有一本被翻得皱巴巴的《常识》。一家英国报纸惊叹：“《常识》无人不读。凡读过这本书的人都改变了态度，哪怕是一小时之前，他还是一个强烈反对独立思想的人。”

《常识》一书推动北美人民走上公开独立道路的历史意义不可估量，毋庸置疑。从那时起，除 19 世纪中期的《汤姆叔叔的小屋》外，在美国，再也没有一种出版物曾产生过那样巨大的影响。但是，《常识》赢得的评价大都集中在它推动北美独立的作用上，其实《常识》还有一个更重要的作用，就是它在北美大陆首倡共和。潘恩把独立和共和联系在一起，他一再强调《常识》中有关共和政体的观点要比呼吁独立的那些论述更有价值。潘恩主张北美要颠覆贵族式的英国政治传统，认为北美应当选择的理性统治方式是共和主义。在批判君主政体和世袭制的过程中，潘恩一方面主张北美殖民地独立，建立代议制民主共和国，并设想了独立后的美国国名“United States”，另一方面宣扬“法律即国王”的现代宪政理念，构建了美国共和政体与代议制政府的理论基础。此后美国《独立宣言》中的基本观念均可从《常识》中找到理论上的思想渊源，可以说，《常识》改变并引导了美国历史与政治的发展方向。

独立战争结束后，美国进入了和平时期。因为没有被独立后的新政府重用，潘恩回到了英国。“世界就是我的祖国”，“给我七年时间，我就会为欧洲每一个国家写一部《常识》”。潘恩回到欧洲后，来往于法国与英国之间，但主要居住在英国。法国大革命爆发后，他多次去巴黎，为法国大革命呐喊。法国革命者也像1776年初的北美革命者一样，不知道将要走向哪里，一度陷入迷惘之中。潘恩再次大显身手，及时写出了重要著作《人权论》，站在比任何同时代人都高的制高点上，扫除了法国革命者心中的疑虑，使法国革命走上了坚定的共和道路。《人权论》一如当年的《常识》，一经出版便风靡天下。在法国，它成了革命的号角。

由于英国参加了对法国的战争，潘恩对法国革命的支持引起了英国政府的注意。1792年6月8日，英国政府指控潘恩犯有煽动叛乱罪，9月13日，潘恩在友人的劝说和帮助下，连夜逃亡法国。作为美国独立战争的英雄，初到法国时，潘恩受到了法国人民的热情拥戴。当潘恩乘坐的邮船进入法国加莱港口时，军舰上礼炮齐鸣，沿岸一片欢呼声。当他踏上法国土地时，士兵夹道欢迎，淑女上前献花，官员和他拥抱，市民则冒雨迎立在街道两侧，高呼“潘恩万岁”。然而，后来发生的事情远超出法国人的意料，连潘恩本人都始料未及。随着法国革命愈演愈烈，潘恩与雅各宾派之间出现了隔阂。1793 年 12 月 28 日深夜，潘恩锒铛入狱，一直到 1794 年 11 月雅各宾派垮台才恢复自由。拿破仑上台后，由于潘恩反对独裁统治和侵略战争，不愿与拿破仑共事。1802 年，他重返阔别 15 年的美国。然而，在宗教意识与传统思想浓厚的美国，潘恩遭到了政府当局与民众的冷遇，拒绝其参加政府工作，否认他的美国公民资格，甚至没有人肯租房给他。1809 年 6 月 8 日，一生致力于人类自由、民主与解放事业的“世界公民”潘恩，在不被理解的凄凉境遇中去世。

潘恩生活在美洲独立革命与大陆革命之际，可谓正得其时。这个英国的激进分子，法国革命的支持者，美国革命的指路人，纵横于三个国家，用自己的笔鼓吹革命、宣传革命、捍卫革命，成为各国革命领袖的挚友，为推进革命进程立下了汗马功劳。人们这样评价潘恩：如果没有《常识》作者的这支笔，华盛顿所举起的剑，将是徒劳无功的。

“一把共和国的火炬，一切传奇中最伟大的人物”，若干年后，美国第五任总统詹姆斯・门罗向这位伟大的思想家致歉说：“这忘恩的罪过尚未玷污我们（美国）的国格，我希望它永远不会，美国人不但会认知您（潘恩）对我们自己的革命做出了重大的贡献，以更广阔的尺度来衡量，也会认知您是一位人权的朋友，也是一位自由的大力倡导者。”

撰写/孙春勇

7 不当国王的意义

——美国第一任总统华盛顿的选择

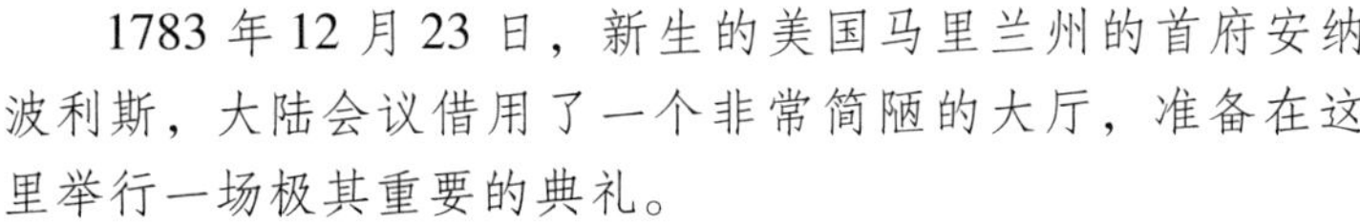

1783年12月23日，新生的美国马里兰州的首府安纳波利斯，大陆会议借用了一个非常简陋的大厅，准备在这里举行一场极其重要的典礼。

在今天的人们看来，18世纪末的美国令人神往，本杰明·富兰克林、约翰·亚当斯、托马斯·杰斐逊、詹姆士·麦迪逊、亚历山大·汉密尔顿等光耀千古的名字将美国政坛点缀成了一片群星璀璨的天空。但在那天，他们都是配角，典礼真正的焦点人物是一个头发已花白、视力非常不好，但身材高大、体魄健壮的男子——乔治·华盛顿。

在会议大厅里，他向议员们致以庄重的鞠躬礼，而议员们只是手触帽檐致以简单的回礼。接下来，华盛顿以一种军人特有的坚定语气说："现在，我已经完成了历史赋予我的使命，我将退出这个伟大的舞台，并且向庄严的国会告别。在它的命令之下，我奋战已久。我谨在此交出委任并辞去我所有的公职。"

在他的对面，昔日军中的老部下，现在的大陆会议议长真诚地表达道："您在这块新的土地上捍卫了自由的理念，为受伤害和被压迫的人们树立了典范。您将带着同胞们的祝福退出这个伟大的舞台。但是，您的道德力量并没有消失，它将继续激励子孙后代。”

没有交响乐，没有彩旗，没有绶带，整个仪式简单近乎寒酸，但意义却非常重大，所有在场的人心中不禁激荡起伏，眼中早已湿润。

1732年2月22日，华盛顿出生于一个英格兰移民家庭，他自幼丧父，接受的正规教育也不多。16岁那年，他谋了一份土地测量员的差事，崇山峻岭间的跋涉、风霜雪雨的考验，丰富了他的地理知识，也培养了他的坚韧意志和一丝不苟的工作风格。

1756—1763年，英法之间的殖民战争进入了决定命运的厮杀阶段，暴风骤雨波及北美。华盛顿参加了这场战争，不仅因功晋升为上校，还积累了丰富的战场经验。英法七年战争结束后，华盛顿像所有饱受战争折磨的北美人民一样，期望着自己的付出能够换得境遇的改善。然而，接踵而至的却是印花税法、糖税法等一系列征税法案，还有港口满载英国货物的船只。愤懑的情绪在民众心中奔涌，而英国却以强力相对。终于，烈火在1775年的莱克星顿最先燃起，独立战争打响了！

要打仗，就要有一支像样的军队和一位伟大的指挥官。1775年6月，在第二届大陆会议上，一群文人将大陆军总司令的重担交付给了华盛顿。

土地测量员+英军上校=大陆军总司令，这是一个多么奇怪的等式，更何况他即将统率的大陆军连影子都没有，只有一支装备差、经验不足且军纪散漫的民兵，而对手却是久经沙场的英国正规军。华盛顿在接到任命后，平静地陈述道：“我不认为我能胜任这个指挥官的光荣职位，但我会以最大的诚意接受职位。”这就是好莱坞电影中反复重申的“小人物的英雄梦”，是责任、荣誉和对那片土地的忠诚支撑起了这样的梦。

战争进行得非常艰难，大陆会议只是一个没钱的空架子，华盛顿在催饷信中发出悲鸣：“我们的士兵有病没病都光着膀子！就连被敌人俘虏时，还光着膀子！”然而，就是在这样的处境下，华盛顿凭着他的才能和道德操守，硬是将一群乌合之众打造成了一支强大的军队。多少个夜晚，他和他的士兵们一起潜伏在森林中忍饥挨饿；多少次战斗，他的军队面对英国军队的红色海洋不再望风而逃。

经历了普林斯顿、萨拉托加和约克镇等一系列战役后，北美人民终于取得了胜利。1783 年《巴黎和约》签订，英国承认美国独立。这场波澜壮阔的历史剧的主演——华盛顿似乎也面临着一个古今英雄都十分熟悉的问题：江山打下了，谁来坐江山？

在无数人的欢呼声中，在一个君主制横行的时代里，华盛顿绝对有当国王的资本和大环境，然而，他却在历史惯常设计的轨道上戛然而止。作为军队统帅，他还需要做最后一件事：面对那群出生入死的伙伴，感受着他们拿不到遣散费的激愤，拒绝了他们中一些人劝他当国王的建议，他以一个老上级、老朋友的身份恳求“孩子们”——就这样让我两手空空地回家，做一个好公民。

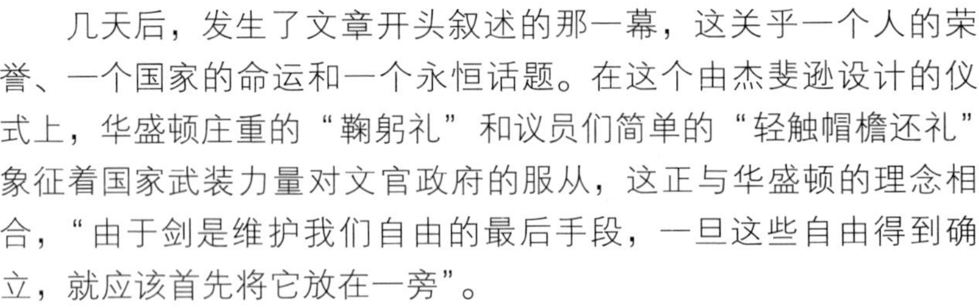

几天后，发生了文章开头叙述的那一幕，这关乎一个人的荣誉、一个国家的命运和一个永恒话题。在这个由杰斐逊设计的仪式上，华盛顿庄重的“鞠躬礼”和议员们简单的“轻触帽檐还礼”象征着国家武装力量对文官政府的服从，这正与华盛顿的理念相合，“由于剑是维护我们自由的最后手段，一旦这些自由得到确立，就应该首先将它放在一旁”。

第二天上午，华盛顿回到了他可爱的弗农山庄，当马车奔驰在波托马克河边的乡间道路上时，这位戎马倥偬的统帅究竟在沉思什么？不久后，也许就是在山庄的无花果树下，他给朋友写信倾诉：“戏终于演完了。我不再担任公职，感到如释重负。”

然而，命运向他的信念再一次提出了挑战。松散的联邦制让这个新生的国家弊病丛生，无力维持常备军以维护国家安全，无力征收统一关税以维护经济主权，无力约束各州以保证政令通畅和商品自由流动。太多的“无力”令“文明世界”的绅士们讥笑不已：你看，还是需要一个老大来镇住台面不是？

1787 年 5 月 9 日，华盛顿又出发了，这次是去费城，但不是去做国王，而是制定一部《宪法》保证中央政府的强大，同时不让任何人有机会做国王。在费城制宪会议长达数月的讨论中，华盛顿并没有杰斐逊、麦迪逊那样的深思熟虑，他只是坐在主席椅子上的一个“老好人”，但正是这位不善言辞的“老好人”谨慎地运用着自己的权威，更专注于守护《宪法》制定中的程序正义，而在《宪法》内容斟酌上以明智的沉默，保证其他参与者公正坦诚地交流。1787 年 9 月，《宪法草案》终于出炉，这份浸润着“权力制衡”思想的《宪法》成为美国立国两百多年来的“定海神针”。从这个意义上讲，华盛顿做了一件远超任何国王的事，因为依靠强权维持局面的国王终究会死，但浸润理性和民意的《宪法》却是永恒的。

1789 年，华盛顿毫无悬念地高票当选为第一届美国总统，而他却有一种“无异于囚徒走上刑场的心情”。但他无可逃避，现在他要做的是以实际行动守护《宪法》的精神。在最初的监督机制尚停留于纸面缺乏实践之时，他谨慎地保持着在各个派别之间的中庸，保持着行政当局在权力制衡中的克制。1796 年 9 月 17 日，他发表了《告别辞》演说，明确拒绝第三任总统候选人提名。面对雷鸣般欢呼背后的权力诱惑，他只是选择背过身去，向自己的妻子轻轻说一声：“我们终于回到了自己平静的港湾了。”

在那片辽阔的北美新大陆上，具有清教徒气质和叛逆精神的移民后代们，如电影中的西部牛仔一样策马狂奔，任风声在耳边呼啸，群山在眼前退却，天地之大，任我驰骋，没有太多的羁绊，有的只是对自由、公正的不竭追求。

于是《独立宣言》如此说：“我们认为下面这些真理是不言而喻的：人人生而平等，造物者赋予他们若干不可剥夺的权利，其中包括生命权、自由权和追求幸福的权利。为了保障这些权利，人类才在他们之间建立政府，而政府之正当权力，是经被治理者的同意而产生的。当任何形式的政府对这些目标具破坏作用时，人民便有权力改变或废除它，以建立一个新的政府。”

于是华盛顿如此说：“政府之缰绳得由一只坚定的手执掌，而对《宪法》的每一次违背都必须遭到谴责，如果《宪法》存在什么缺陷，那就加以修正，但不能加以践踏！”

“产生道德是民意所归的政府所应具备的原动力”。原来就是这样简单，斯土斯民育斯人，而华盛顿的人生也验证了：平凡与伟大只是一线之隔。

撰写/王　雄

8 自由主义者的星空

——康德的政治观念

德国东普鲁士有一个濒临波罗的海的小城哥尼斯堡（现属俄罗斯，名为加里宁格勒），这是一座美丽、宁静的城市。1770年的一天，哥尼斯堡大学讲堂内一场答辩会正在进行。只见一位个子矮小的教师身穿整洁庄重的礼服，面对师生侃侃而谈。

这位教师答辩的论文是他前几个月抱病完成的，题目是《感觉和理智世界的形式之原理》，这篇文章的标题会让一般人觉得费解，但是，却开启了批判哲学的崭新时代。这是一个任命新教授的答辩会。会场气氛更像是一个欢迎会，喜欢这位老师的学生兴高采烈，因为，这位叫康德的老师是他们心目中智慧与道德的化身。

一位名叫赖因霍尔德·伦茨的年轻的诗人在诗中写道："康德的存在，法兰西再也不能怀疑德意志没有人才。"

1724年4月22日，伊曼努尔·康德出生在东普鲁士的首府哥尼斯堡，他的父亲是一个皮具工匠，父母都是新教虔信派的教徒。康德8岁时开始上学，弗里德里学校提倡的是人文主义教育，尽管仁慈的校长舒尔茨经常照顾这位成绩优秀的学生，但是，学校的宗教约束依然给康德留下了难以忍受的回忆。

1740 年，16 岁的康德考进了哥尼斯堡大学。现在已经无法考证他当时注册了什么专业，在哪个系科，但是，可以肯定的是他经常听哲学课。因为，对他影响最大的马丁·克努真是教哲学、神学和数学的教授。1748 年，24 岁的康德大学毕业，因为他的父亲已经在两年前去世，于是他决定到哥尼斯堡附近的小城镇去做家庭教师，以养活自己。这期间，他出版了第一本著作《论正确评价活力的思想》，内容是关于笛卡儿、牛顿和莱布尼茨提出的哲学与科学命题。返回家乡后，康德再次进入大学学习。1755 年，康德以《自然通史和天体论》一文获得硕士学位，3 个月后获得大学私人助教资格，开始教授哲学。他的教职是私人助教。之后，他从事这一工作长达 15 年。

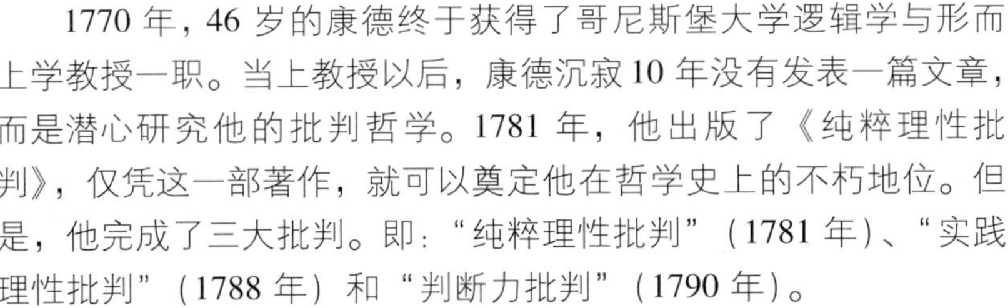

1770 年，46 岁的康德终于获得了哥尼斯堡大学逻辑学与形而上学教授一职。当上教授以后，康德沉寂 10 年没有发表一篇文章，而是潜心研究他的批判哲学。1781 年，他出版了《纯粹理性批判》，仅凭这一部著作，就可以奠定他在哲学史上的不朽地位。但是，他完成了三大批判。即："纯粹理性批判"（1781 年）、"实践理性批判"（1788 年）和"判断力批判"（1790 年）。

在"纯粹理性批判"中，康德研究了人类感知的形式，即空间和时间。存在于时间和空间里的物质被人类的理解力加工为经验，而康德把人类理解力的形式称为"（绝对）范畴"，这些人类理性的形式中包括人们对灵魂、世界和上帝的设想，康德把它们理解为某种制约原则，人们的经验世界就是通过这些原则得以构造的。

"纯粹理性批判"研究的是人类如何认识外部世界的问题，"实践理性批判"要回答的问题是伦理学的问题：我们应该怎样做？康德告诉我们：我们要尽我们的义务。但什么叫"尽义务"？为了回答这一问题，康德提出了著名的"（绝对）范畴律令"："要这样做，永远使你的意志的准则能够同时成为制定法律的普遍原则。"康德认为，人在道德上是自主的，人的行为虽然受客观因果的限制，但是人之所以成为人，就在于人有道德上的自由能力，能超越因果，有能力为自己的行为负责。

“判断力批判”要回答的问题是：我们可以抱有什么希望？康德给出的答案是：如果要真正做到有道德，我就必须假设有上帝的存在，假设生命结束后并不是一切都结束了。“判断力批判”中，康德关心的问题还有人类精神活动的目的、意义和作用方式，包括人的美学鉴赏能力和幻想能力。

康德政治思想的基础是伦理学思想。他的伦理学渗透了18世纪的启蒙精神，赞赏个人主义、自由主义和批判封建主义。在一定程度上，深化了18世纪的启蒙学说。康德的政治学说基本上是其伦理原则的引申和发挥。“人是目的”是康德伦理学说的核心思想。人的行为要有道德价值，一定是为义务而实行的。这种义务就是按作为绝对命令的道德法则行事，不问目的和效果，只问该行为所依据的原则，即为义务而尽义务。按道德法则行事的意志就是“善良意志”。

康德继承并发展了契约论，他借助于所谓“原始契约”来说明国家的产生。他指出，所谓的自然状态是一种没有法律、没有国家的状态，每个人都不受习惯约束。但是，这种自然状态是我们为自己虚构的故事。自然状态中的每个人与其他人都互相防备，人们只根据自己的良心行事。由于不存在强制性的法规，人们的财产权得不到保障，这是自然状态最大的问题。一旦个人对这种状态有了一种概念后，他就会认识到，合乎理性的做法是与他人共同形成一个公共意志，以保护他自己和他人的财产权。这样，具有自由意志的人通过原始契约，就建立了国家。在国家中，每个人失去的是自然的自由和无限制的权利，得到的是公民自由和对他的财产的所有权。

那么，什么是国家呢？国家的涵义是许多人在法律统治下的联合。国家权力是人民公共意志的体现，来源于公民的自由意志。国家虽然是个人自由意志的产物，但个人对国家也有忠诚服从的义务。由此，可以确定建立国家的目的在于维护法律秩序，保证人的权利和自由的实现，而不是为了公民福利和世俗幸福。

国家权力该如何划分才能实现国家的目的呢？康德认为，可以划分为三部分：立法权、行政权和司法权。三种权力互相依赖，相互独立。立法权是国家最高权力，处于国家权力机构的核心，是人民集体意志的体现。行政权必须服从立法机构所表达的公共意志的权威，与立法权不能掌握在同一人手中，司法机构的职能限于解释法律。

国家权力划分之后，就可以确定国家与公民的关系了。康德指出，在正义的国家制度下，一个公民必须同时担任两个角色：他作为公民，要通过其在立法机构中的代表参与立法；作为私人，他又要服从这个法律。公民没有权利自己动手去实现向共和制方向的改革，改革只能通过自上而下的方式来实现。

公民分为“消极公民”和“积极公民”。消极公民是那些不能靠自己的努力而维持自己生存的人，他们的生存主要依赖他人的劳动。积极公民则与之相反，自主、自立的公民才是积极公民，也只有积极公民才拥有选举权。在市民社会中，统治者对人民没有义务。人民必须对统治者表示忠诚，他们没有反抗政治权力的权利，最多只有消极反抗权利，即拒绝服从的权利或沉默的权利。人民可以有表达思想的权利，也就是评论和批评政府的权利，但他们的批评意见必须表明，他们是忠诚的公民。

康德以其严密的逻辑和思考为共和国的建立提供了理论基础，他将公共道德伦理与自然规律看成是内心必须尊敬和崇拜的对象。他说：“有两样东西，愈是经常和持久地思考它们，它们就愈使心灵充满不断增长的景仰和敬畏之情：我头顶的星空和我心中的道德法则。”

撰写/徐渭清

9 民主与多数暴政

——托克维尔的智慧

1831年4月，法国政治思想家阿列克西·德·托克维尔开始了为期9个多月的美国考察。托克维尔出生于诺曼底的地主贵族家庭，当地许多地方都以托克维尔家族命名。在取得法律的学位后，托克维尔被任命为凡尔赛法庭的实习文官。这个25岁的贵族青年，在凡尔赛初审法院法官的职位上干了3年多。他一门心思想在政治上干出一番大事业来，却不知从哪里下手。托克维尔的旅行并不惬意，他动身去美国之前，整个法国政局一片混乱，拿破仑的第一帝国倒台之后，复辟的波旁王朝统治了法国。1830年，巴黎人民又发动了“七月革命”，赶跑了查理十世，建立了一个君主立宪制的“七月王朝”。

面对这一切，年轻的托克维尔不知道如何是好。托克维尔自幼独立性很强，而他那自由的天性偏偏又跟贵族家庭发生冲突，他也想弄清民主一词的真实含义。“我要去那里看看伟大的共和政体是什么样子”，他将北美大陆看做民主社会最大、最成功的试验国度。于是借法国酝酿改革监狱制度之机，向司法部请假，要求去美国考察颇受欧洲各国重视的新监狱制度。在19世纪初，欧洲人谈论美国，是一件时髦的事，因为那是一个新鲜而陌生的国度，1831年5月9日，托克维尔经历了海上的颠簸之后，在罗德岛纽波特登上北美大陆。

托克维尔在美国发现了一个生气勃勃的民主新世界。其家信、笔记、日记表明，他的足迹遍及美国大地。托克维尔希望客观地描述美国的民主，将其所见所闻忠实地报道出来。为此，他在美国收集了大量资料，在9个月的时间里，托克维尔与他的朋友拜访了上千人，他们与总统和平民交谈，向权威人士请教，查阅文献档案，广泛搜罗与主题相关的轶闻趣事。回到法国之后，他利用在社会学中首创的“访问法”，依据其明察秋毫的观察力，将游历美国的见闻整理成书，于1835年出版了他的经典著作《论美国的民主》，这本书为托克维尔带来了广泛的声誉，成为无可替代的经典，在一定程度上，影响了美国人对自己国家的观念。

托克维尔实际上只是一个非常冷静的观察家，他对美国的描述是十分准确的。《论美国的民主》这部巨著原本是一篇关于美国社会民主状况的调查报告，却以他对民主制度和民主原则的卓越分析和深刻预见而成为政治社会学的奠基之作。

这部著作的基本思想，首先在于承认贵族制度必然衰落，平等与民主的发展势不可挡。托克维尔认为，19世纪正在发生一场人力无法抗拒的民主革命，“民主即将在全世界范围内不可避免地和普遍地到来”。民主的最大标志就是平等，主要是身份平等。托克维尔指出：“身份平等的逐渐发展，是事所必至，天意使然。”托克维尔出身于贵族，但他却能超越自身的阶级局限，看到贵族特权的时代已经日落西山。

托克维尔的政治思想与其他法国启蒙思想家的思想是一脉相承的，他们都把防范专制权力作为政治学的首要课题。在他们看来，无论专制权力源自何处，都是对人类权利和尊严的损害。托克维尔认为民主政体是唯一适合平等社会的政治形式。但托克维尔的先见之明在于他清醒地看到了民主政治所固有的危险性，民主社会也会发生专断权力，这就是难以抗拒的多数暴政。托克维尔指出，如果多数权威是无限制的，多数的暴政就可能形成。如果没有防范多数暴政的保证措施，民主政体就会蜕变为专横的专政。

当多数人一旦做出了错误的决定，或者是利用多数之名侵犯了少数人的正当权利时，多数的暴政便应运而生，这正是托克维尔在探讨民主问题时所担心的。与个人专制政治相比较，多数暴政对人的灵魂之压制更为严酷。托克维尔讲述了美国某地民众破坏新闻自由的一个实例，以说明多数专制的可怕。

1812 年，美国的巴尔的摩发生了一场因暴力事件引起的战争，巴尔的摩人非常支持这场战争。当地的一家报纸对民众热烈支持战争的行为采取了截然相反的态度。于是，当地的民众自动集合起来，捣毁了这家报社，袭击了报社人员的住宅。最后，为了保护生命受到公众威胁的报社人员，当地政府把他们当做罪犯投入监狱。但是人们在夜里又集合起来，砸开监狱大门，一名记者就地被杀，民众扬言还要处死报社的其他人员。在托克维尔看来，这就是真正可怕的暴政，民主披着平等的外衣却夺走了人的自由和生命。

对托克维尔来说，在民主政治下，自由与平等相比，自由要放在首位，因为没有自由，平等终将消失。托克维尔认为，民主的前提始终是自由，美国是首先成为了一个自由的国度后，才在自由原则下确立了民主制度。但在民主社会中人是不可以也不能拥有无限自由的，自由必须是建立在法治与社会秩序的基础之上的。自由从来不是绝对的、不受限制的，托克维尔提倡在民主的进程中始终遵循自由的原则。他针对多数暴政提出法学家精神、陪审团制度、地方分权、言论与结社自由等等方式来节制、约束多数。他提倡地方分权，赞同乡镇自治，主张必须对多数的权力进行限制，防止因多数权力的滥用造成的对民主政治的威胁。

怎样防止多数人的暴政，托克维尔提出了两个具体的方法：一是在多数人权威与个体公民或者少数人之间建立一个缓冲地带。这个缓冲地带由无数的公务员和法官构成，使得多数人不可能真正有能力伤害到少数人。二是通过司法权威防止民主暴政。托克维尔说："美国人赋予法学家的权威和任其对政府施加的影响，是美国今天防止民主偏离正轨的最坚强的壁垒。"相对于一般不懂法律的民众而言，法官更加熟悉法律程序、法律规则，司法的权力不能简单地以人头数来赋予，法官不是投票选出，而是通过特殊的优选程序来选出的。法官通过对民主决定的事务进行裁判来达到防止民主暴政的目的。

托克维尔毕生奉为终极价值的是自由，在他的心目中，自由是首要的价值。对于人类来说，自由永远是值得追求的理想之物。托克维尔十分重视政治自由，他认为通过弘扬政治自由就可以克服民主社会中的专制倾向，最终起到维护个人自由和权利的作用。因为政治自由塑造出自律、拥有公共精神的公民，增强了集体行动的意识，使专制在民主国家无法生存。更为重要的是，政治自由增强了公民对国家的认同，并获得了理性的爱国主义精神，最终形成了理解、宽容、博爱的公民美德。所以，只有通过政治自由，提高人民的思想境界，才能从根本上消除多数暴政或专制。

撰写/徐渭清

10 揭示极权主义的本质

——汉娜·阿伦特的不朽贡献

汉娜·阿伦特于1906年10月出生于一个德国犹太人家庭，父亲是个工程师，母亲会唱歌剧，并且喜欢社交。在阿伦特7岁那年，她失去了父亲，从此与母亲相依为命。阿伦特自幼聪明，是个有个性的才女。上中学时曾经被学校开除。不过她在家里自学，反而比她的同班同学早一年通过中学毕业考试。18岁那年，她慕名来到马堡大学，先后师从海德格尔和雅斯贝斯。1933年纳粹上台后，对犹太人大规模的迫害开始了。阿伦特被纳粹组织抓住，并且审讯了8天，后被释放。之后她被迫离开德国来到了法国。在法国，她继续为犹太组织工作，参与犹太复国主义组织的秘密活动。1940年，她与流亡的共产主义者海因利希·布吕歇尔结婚。法国沦陷后，她同母亲和布吕歇尔一同逃往马赛，次年前往美国。二战结束后，大批德国知识分子返回德国，她坚持留在美国。在美国，她为犹太文化重建委员会工作，曾任舍肯出版社编辑、芝加哥大学教授。1950年，阿伦特成为美国公民。1959年，她被普林斯顿大学任命为第一位女性正教授。

1951年，阿伦特的《极权主义的起源》在美国出版，该书

1949 年就已经写成，第一版书名是《我们时代的重负》。这本书使阿伦特一夜成名，人们惊呼这是“一部大师之作”，当时阿伦特不过四十来岁，一个中年妇女而已。对于阿伦特来说，这本书是真正的呕心沥血之作，它记载了阿伦特太多的痛苦经历：魏玛共和国的宪政危机、纳粹的兴起、种族大屠杀、“异乡人”的生活。可以说，极权主义对于她精神和肉体上的巨大创伤是她写作此书的根本动力。

阿伦特在此书中思考的极权主义原型首先是纳粹主义，人类在 20 世纪遭遇的最大苦难来自极权主义，它肆虐于不同的国度——种族屠杀、饿死千百万人的饥馑、骇人听闻的镇压和逮捕、震惊世界的冤案与审判。探讨悲剧的起因成为一代杰出思想家的责任，他们的不朽著作具有超越时空的启示性意义，而汉娜·阿伦特的《极权主义的起源》尤其令人瞩目。

《极权主义的起源》一书由三部分组成：一、反犹主义；二、帝国主义；三、极权主义。阿伦特认为，极权主义的起源和成分是反犹主义和帝国主义。作为犹太人的汉娜·阿伦特亲身体验过纳粹法西斯的暴政，她的沉思具有发自切肤之痛的实感。在她看来，反犹主义是纳粹意识形态中的主要因素，犹太人问题和反犹主义首先成了纳粹运动兴起和建立第三帝国组织结构的触发因素，随后触发了史无前例的世界大战，最后又造成西方文明中亘古未有的种族灭绝。

汉娜·阿伦特指出，极权制度是一种独特的政治制度，它摧毁了一个国家所有的社会、法律和政治传统。极权主义政府不能用守法或不守法政府去衡量，它实际上是蔑视一切成文法，甚至走极端到蔑视自己制定的法律，它并不关心是否要废除法律，也用不着废除宪法或法律，而是完全忽视它们。

极权主义的统治方式就是通过国家机器（警察）尽可能地孤立每一个人、威胁每一个人、限制每一个人、打压每一个人，使无意识的群体无条件地对帝国统治保持忠诚。这位杰出的政治哲学家一再强调：由于人残忍地对待他人，才使一部国家机器、一个政党意志（包括它的科技手段、秘密警察、层层官员、级级组织），得以大规模地迫害公民。制度之恶吞没了所有的人，而被吞没者所表现出来的恶，汉娜·阿伦特称之为“平庸之恶”，则更具普遍性，更可怕。

1961 年 4 月，以色列的耶路撒冷地方法院审理了一件复杂的案件，以色列政府成立了特别法庭对纳粹战犯阿道夫·艾希曼进行刑事审判。审判从 4 月 11 日开始至 12 月 15 日结束，时间长达 229 天，先后开庭 114 次。法庭审判中法官参阅了 1500 份记录和来自 16 个国家的近百份辩方证词，听取了 100 名指控人的指控，多个国家的媒体对此进行了全程报道。

阿道夫·艾希曼，在二战盟军所列的众多的战犯名单中，比起纽伦堡大审判中第三帝国的高官们，他算不上是一个特别突出的人物。然而，对犹太人来说，尤其是对经历过二战、惨遭纳粹重重磨难而幸存下来的犹太人来说，一提起这个名字，他们便立刻会从内心涌起一股抑制不住的恐惧和愤怒。艾希曼本人并未亲手杀死过犹太人，但作为德国党卫军和盖世太保的成员，他在大屠杀中的作用却是极为突出的，他的任务就是千方百计地迫使犹太人外迁。仅在奥地利工作一年半的时间里，艾希曼及其手下就把 15 万犹太人赶出了世代居住的家园。在纳粹统治时期，每天都有成百上千的犹太人，因为艾希曼的策划被运往欧洲各处的死亡集中营，在犹太人眼中艾希曼就是死亡的代名词，是超级死神。

当时，汉娜·阿伦特是作为美国著名杂志《纽约客》的特派记者跟踪采访艾希曼审判案件的。审判期间，汉娜·阿伦特坐在法庭的观众席上，冷静地观察着在防弹玻璃罩下的这个身材瘦削，年过半百，额头很高，牙齿歪扭，戴着一副近视眼镜，竭力保持镇静的男人，认真地倾听着这个杀人犯不加思考的陈词滥调，分析着他那惯用的官方用语和措辞。耶路撒冷的艾希曼审判后来之所以成为著名的历史案例并非因其规模的效应，而是因为汉娜·阿伦特对此案所做出的深刻分析以及后来她撰写的《耶路撒冷的艾希曼：一个关于平庸的罪恶的报告》。

在人们眼中，像艾希曼这类冷酷无情的杀人犯，必定是一个道德败坏、凶神恶煞的魔鬼。但据阿伦特的观察，“艾希曼既不阴险，也不凶横”，只是一个平庸无奇的政治官僚。让人费解的是，就这样一个平凡的普通人，怎么会干出如此灭绝人性、丧尽天良的事情？对于艾希曼的审判，汉娜·阿伦特睿智地提出了一个前人未曾思考过的问题，那就是正常人也会成为杀人犯。汉娜·阿伦特通过法庭调查了解到，并且许多心理学家也都证实，艾希曼是一个心智极为正常的普通人，同时监狱的牧师还发现艾希曼具有明确的观念。因此，阿伦特提出了“正常的”人也能成为杀人犯，而且可能成为屠杀成千上万人的罪大恶极的刽子手。艾希曼认为自己不过是奉命行事，只是执行了上级的命令，所以，自己没有罪过。但阿伦特认为，正是由于有大量这种自认无罪的人，昧着良心，协助纳粹作恶才造成了人类历史上空前的灾难。像艾希曼这样的人其实是用他们的行动帮助纳粹，成为纳粹的一员，同时，也从中获利。阿伦特将艾希曼看做是“平庸之恶”的一个典型，在纳粹极权统治下，良知在德国彻底地丧失了，这种“平庸之恶”比恶魔犯罪，对于人类的危害更加严重。

阿伦特让我们看到了极权主义的残酷和恐怖，她的著作散发出深刻的思想。在美国有一条街道以她的名字命名，人们经常召开各种学术会议来纪念她，称赞她的新书一本本出现。阿伦特面对的话题是——正义、邪恶、专制主义，她用自己毕生的精力去探究人类的境况，寻找极权主义的起源，去揭露政治中的谎言与虚伪，为人类文明的进步做出了极为重要的贡献。

二 中国政治智慧

中国古代的民本思想萌芽于商周之际，始于周，成熟于春秋战国的孔孟。古代思想家从西周起就特别重视天命与民心的关系，认识到民心即天心，民意即天命，民情即天意。《尚书·盘庚》里就有“重我民”之说。而《尚书·五子之歌》中“民为邦本，本固邦宁”更是脍炙人口的名句。《尚书·皋陶谟》里说：“天聪明，自我民聪明；天明威，自我民明威。”“民之所欲，天必从之。”这就是说，统治者只要对民负责就是对天负责，顺乎民心就是顺从天意。这些思想是对人与人之间关系的新认识，同时它也标志着“迷信鬼神，不重人事”时代的结束和“既信鬼神，又重人事”时代的诞生。可以说，周人开了中国古代民本思想之先河。

撰写/方云华

11 民为邦本

——先秦时期的民本思想

子贡（孔子的学生）向孔子请教治理国家的办法。孔子说："只要有充足的食物，充足的战备以及人民的信任就可以了。"子贡问："如果迫不得已要去掉一项，三项中先去掉哪一项？"孔子说："去掉军备。"子贡又问："如果迫不得已还要去掉一项，两项中去掉哪一项？"孔子说："去掉食物。自古人都必有一死，但如果没有人民的信任，什么都谈不上了。"

孔子认为，为政要讲经济建设，要讲国防，还要取信于民，迫不得已的情况下，即使牺牲国防、经济，也要让百姓信任。可见取信于民在孔子眼里是很重要的。这充分体现了孔子的民本（重民）思想。

那么，中国古代的民本思想是怎么形成和发展的？还有哪些思想家也具有民本思想呢？

中国古代的民本思想萌芽于商周之际，始于周，成熟于春秋战国的孔孟。古代思想家从西周起就特别重视天命与民心的关系，认识到民心即天心，民意即天命，民情即天意。《尚书·盘庚》里就有"重我民"之说。而《尚书·五子之歌》中"民为邦本，本固邦宁"更是脍炙人口的名句。《尚书·皋陶谟》里说："天聪明，自我民聪明；天明威，自我民明威。”“民之所欲，天必从之。”这就是说，统治者只要对民负责就是对天负责，顺乎民心就是顺从天意。这些思想是对人与人之间关系的新认识，同时它也标志着“迷信鬼神，不重人事”时代的结束和“既信鬼神，又重人事”时代的诞生。可以说，周人开了中国古代民本思想之先河。

到了春秋时期，面对社会的剧烈变动，不少进步思想家进一步看到了民众的地位和作用，对西周初年的“民之所欲，天必从之”的思想作了进一步的发挥，民本思想有很大发展。

孔子继承了周公及春秋诸贤的遗产，并把它们加以完善，在“仁”的基础上，提出了“为政以德”的德政学说。

“仁”是孔子思想的核心，而“仁”的主要内容就是“爱人”。如何做到“爱人”呢？孔子认为：首先，要尊重人，不要把自己的意志强加于人，“己所不欲，勿施于人”“己欲立而立人，己欲达而达人”。其次，要使民富。只有民富，才能君富，这与后来法家的观点完全不同。法家宣扬“富国论”，只重视国家的富强，而忽略百姓的富裕，儒家此时提出的是“富民论”，认为只有富民才能富国。

怎样才能使民富呢？孔子认为必须做到两点：其一，要养民以惠，“使民以时”，要求统治者力戒奢侈，不加重百姓的负担，役使百姓应该不违农时，不妨碍耕作生产。其二，要轻徭薄赋。劝诫统治者应爱惜民力民生，决不允许横征暴敛。

“仁者爱人”推广到政治上，就是要实行仁德政治，把“仁爱”之心体现在治国方略中。为此，孔子提出了“德政”学说，提出“为政以德，譬如北辰，居其所而众星共（拱）之”。认为为政者自觉地行仁践义，百姓就会心悦诚服，自愿地讲仁重义，主张慎用刑罚，实行宽猛相济的统治方法。

从以上所述中不难看出，孔子提出的爱民、富民、教民及德政主张，为民本思想增添了新的内容，从而把民本思想发展到了一个新的高度。

战国时期的孟子是中国历史上第一个比较明确提出民本哲学

思想的人。他集西周以来民本思想之大成，提出了“仁政”学说，形成了比较完整的民本思想体系，把民本思想发展到了一个更高的阶段，标志着民本思想的成熟。孟子的民本思想（仁政说）表现在政治、经济、教育三个方面。

在政治方面，孟子提出了“民贵君轻”的思想，认为民众是国家的根本。他说：“民为贵，社稷次之，君为轻。”即“民为邦本”。孟子又说民心向背是治理国家成败的决定力量，得民心则国家昌盛，失民心则国家衰亡。

经济方面，孟子主张要“制民之产”和减轻征税，给民众以物质上的保障。他认为民众必须有保证生活水平的财产，才能有安于生活的“恒心”，才能有在生活稳定基础上建立起来的道德观念和行为准则。否则，民众会去干坏事。面对当时繁重的赋税，孟子主张“省刑罚，薄税敛”“取于民有制”，认为统治者只有减轻对民众的奴役和剥削，使民众生活稳定，民众才会服从统治，社会才会安定。

教育方面，孟子提出先富后教。兴办教育，教化人民。教育的目的是使人民从内心自觉地“明人伦”，从而建立起一个道德高尚、丰衣足食、人人安居乐业、和谐安定的社会。

孟子的民本思想是在政治、经济方面把民众放在使社会安定发展的根本地位上，同时重视对民众的教育，体现了民众在历史发展中的决定作用，民本思想发展到孟子时期已基本成熟。

战国时期还有一位儒家的代表荀子，提出了著名的“民水君舟”之说。他说：“君者，舟也；庶人，水也。水则载舟，水则覆舟。”意思是：君主，是船；老百姓是水。水能承载船只，也能倾覆船只。荀子认为，君王无论是得天下还是治理天下都要依靠老百姓，所以君王应勤于政事爱护百姓。

概括中国古代的民本思想，其内容有四：第一，“民贵君轻”，政治的主体是人民，不是国君，也就是说，国君得失天下的关键在于能否得到人民的拥护，这就把君权源于天意说变成了君权取决于民意说，人民成了政权更替的最终决定力量。第二，民为邦本，本固邦宁。认为君主之行事，必须以民意为归依，孟子甚至提出若君主不能以人民的意志为意志，人民就可以把君主当做仇敌起来推翻他，故民心向背是治理国家成败的决定因素。第三，选贤举能，与民偕乐。主张以民众的意向举贤选能，以决狱讼，主张君民同乐。第四，以保民、养民、富民、教民为主要内容的民生思想。

当然，我们要看到，以“重民”“爱民”“亲民”“利民”“恤民”为旗帜的民本思想及其在中国传统政治中的实践，虽然体现了古代思想家与政治家对“民”的重视，但它形成、发展于古代中国的君主制社会中，因而其局限也是显而易见的。

首先，民本思想虽然期盼、仰望圣君贤相“为民做主”，但“为民”只是手段，“仁政”只是幌子，而维护和巩固君主统治才是目的。其次，民本思想要求执政者“爱民如子”，明君与清官只要关注民生，就被视为“君父”“父母官”，骨子里流露出来的是官尊民卑的观念。同时，在中国古代，亲民、重民是存社稷、固君位、达邦宁的手段，人民被看做是一种值得重视和利用的政治资源，因而“贵民”“重民”就被统治者视为“驭民”“治民”之术。这些都与现代民主观念格格不入，是古代民本思想的消极一面。今天，我们要继承和弘扬的是传统民本思想中的精华，肯定民为邦本的价值，并通过民主与法治的途径去实现它，才能将传统与现代政治智慧融于一体，为民众的安乐幸福提供坚实的保障。

撰写/邓　惠

12 中国特色的三权议事

——唐朝政事堂的议政制度

张玄素是隋朝的官员。隋朝灭亡后，张玄素归唐，又做了唐朝的官，担任景州录事参军。唐太宗李世民久闻张玄素的名气，特召见张玄素，向他征询为政之道。张玄素总结隋朝得失，向李世民提出了一些建议。他认为，隋朝末年的祸乱，是因为皇帝过于专权，法令过于混乱。作为万乘之尊的皇帝，不可能事事都精通，假如每天判断十件事，可能其中五件是正确的，五件是错误的。判断正确，固然英明，但判断错误了，又该如何呢？皇帝国事繁忙，日理万机，如果事事都自己专断，那每天会产生多少错误呢？这样日积月累，错误积存多了，国家就要灭亡！所以张玄素建议唐太宗选拔贤能人才，给他们安排合适的职位，让他们各司其职，各尽所能，这样皇帝就可以安居深宫，高枕无忧，而天下人谁也不敢冒犯皇权了。他还说，隋朝末年的战乱中，真正想争天下的，只有十几股势力，余者都只是想自保城邑，等待有道明君的出现。当时的皇帝找不到好办法来安定天下，扩大了战乱，才亡了国。而陛下（指李世民）如果能够总结隋朝亡国的经验教训，谨慎治国，一定可以贤于尧舜。唐太宗很赞赏张玄素的看法，立即提升他为侍御史。

唐朝建国以后，政治制度基本上沿袭隋朝。当然，唐朝的政治制度并非一成不变地照抄隋朝，而是在隋朝政治制度的基础上向更为进步、更为成熟的方向发展。政事堂制度就是唐朝政治制度革新的例子。政事堂制度是指尚书省（国家的行政机构）、中书省（国家方针政策的制定机构）、门下省（国家方针政策的审核机构）长官，在固定的时间、地点经常性地讨论国家人政，平衡互制，协调共济，最后由皇帝裁定的制度。政事议事作为一种三省长官的议政制度，它是与三省制相联系的。三省制是由三省长官执政制、三省并量制、三省分权互相制约制构成的集体宰相制。没有三省制也就不存在有特定含义的政事堂制度。

唐朝的三省就是指中书省、尚书省、门下省，三省的长官都是宰相。中书省掌决策，负责草拟和颁发皇帝的诏令；门下省掌审议，负责审核政令；尚书省负责执行政令，下面直属六部，分别是吏、工、兵、户、礼、刑六部。三省分权制度使得中央最高机构之间权限分明，各司其职。三省虽各有其独立性，但又不是互不相关，而是在职责的执行中相互制约，不得侵权、越权，也不能自行其是。决策正确与否，须经门下省审议，并经门下省签署后方能颁行。决策如有谬误，门下省则予驳回，须重新拟定或修正。虽然中书省拟定的命令、诏旨是遵照皇帝的意志的，但它须经过一定程序。尚书省是行政机关，无门下省签署的旨令，不得执行。这样就在决策和执行之间设了一个过滤网，对旨令的正确与否，起到了过滤作用。

政事堂制度是宰相制度发展的产物。在君主专制制度下，皇帝集行政权、司法权和军事权于一身，“天下事无小大皆决于上”，导致繁杂的政务都由皇帝处理。于是，皇帝需要政治助手，宰相应运而生。宰相是对君主负责总揽全国政务的人，既对皇帝负责，协助皇帝处理国家大事，又是百官之长。堂堂宰相，一人之下，万人之上，自然就成了皇帝的一块心病。汉魏以来以君相矛盾为中心的权力争夺曾多次导致宫廷政变和政治动乱。如何优化最高决策机制，如何解决君相之间的权力关系，一直是君主专制制度下最为棘手而又难以解决的问题。唐朝政事堂制度可以说是我国古代决策体制改革中最为成功的典范，较好地解决了这一矛盾，皇帝既给宰相极大的权力，又能自由灵活地将其罢免；既大胆、放手地任用宰相，又不致大权旁落、尾大不掉；既发挥宰相治国的作用，又能切实防止宰相的专擅篡权。

唐太宗时期，宰相封德彝鉴于兵源不足，向唐太宗建议征招十六至十八岁体格健壮的男子（中男）入军。唐太宗当即表示同意，并令中书省起草诏令，送门下省审议后，交尚书省执行。但当这一诏令送至门下省时，专门负责签名盖章的门下省官员魏征却拒不签字，中间虽经多次交涉，均未获得批准。最后，封德彝只得向唐太宗如实作了汇报。唐太宗听罢大怒，立即派人召来魏征，质问魏征："健壮中男入军一事，是我已经同意的。这件事究竟与你有何干系，竟这样固执地不肯同意，朕实在不知你到底什么意思？"魏征不慌不忙地说："我听说，把湖水弄干捉鱼，虽能得到鱼，但是到明年湖中就无鱼可捞了；把树林烧光捉野兽，也会捉到野兽，但是到明年就无兽可捉了。如果把那些身强力壮、不到十八岁的男子都征来当兵，以后还从哪里征兵呢？国家的租税杂役，又由谁来负担呢？"良久，唐太宗说道："我的过错很大啊！"于是，又重新下了一道诏书，免征中男。接着，魏征还一连列举了唐太宗即位以来失信于民的几件事。最后，他还严厉地指出，如果长此以往，怎能取信于民？唐太宗听后，沉吟半晌，终于诚恳地说："我没有深思熟虑，竟犯了这么大的过失。如果长此以往，还能求得天下大治吗？"

正因为有了唐太宗这样有眼光、有气度的君主，政事堂制度才能发挥其功效。政事堂制度在君主专制时代是一种合理有效的政治体制。一方面，它有效地限制了皇权，避免了个人的处事不周、偏执一端的弊病，从制度上避免专制君主不受任何约束的固有的政治弊端，能够在较大范围内发挥朝臣的智慧，保证了政治决策的合理性。另一方面，政事堂制度是中国古代社会中具有中国特色的"三权分立"。三省构成的权力中枢之间的运作是制度化、法律化的。三省分割相权，相互制衡，这是一种合理的权力结构。以权力制约权力是权力制约的基本途径。近代西方权力学说认为，为了防止一个部门手伸得太长、专横残暴，有必要有另一个部门对其进行干预。中国唐朝已经有了对权力分割的实践探索。

再说说集体议政。唐朝实行宰相集体议政，中书、门下和尚书三省长官2人，门下侍中2人，尚书左、右仆射2人，共6人皆为正宰相。如唐太宗时，杜淹以吏部尚书参议朝政，魏征以秘书监参与朝政。正副宰相称号虽各不一，参与朝廷核心机密，参与国家大政决策的职责则是相同的，他们构成辅助皇帝的决策群体。据史书记载，西汉230年仅有宰相45人，而唐朝290年则有370个宰相，多出西汉七到八倍。唐代宰相员额少则五到六人，多则十几人，最多时是唐玄宗即位之初，宰相多达17人。诸多宰相必然需要有一个议政的场所，这个议政之所叫政事堂。政事堂会议所论之事极为广泛，军国大事，广泛讨论，集思广益，"会而决之"。

政事堂制集众多宰相于一堂，共同商议国家大事，这是一种集议、集权的体制，不过，权力不是集于某个宰相身上，而是集于政事堂。宰相离开政事堂就失去宰相的权威，政事堂失去某个宰相并未失去它整体的权能。这种既分职、分权，又集议、集权的体制，保证了皇帝通过分职、集议控制大政，不必害怕最高权力的转移，并促使皇帝信任宰相，敢于任用宰相，不去干预宰相职权。从而，君相双方权限分明，君主"高居深视"于上，宰臣施政治国于下，形成了和谐的合作关系。

当然，政事堂制度只是君主专制制度下平衡相权的一种手段，它无法制约更高的君权，也无法从根本上解决专制政权的弊端，因此，鼎盛的唐朝还是难以摆脱政治统治的危机。尽管如此，关于政事堂制度的研究对今天的政治文明建设依然有极为重要的价值。

撰写/吴　佳

13 倡导民权与追求大同

——康有为的理想国

中国近代史上有这样一个人，他自幼受到严格的儒学教育，在他还是孩子的时候就立志研究“圣贤之学”，以圣人自居。在他18岁参加乡试未中后，拜岭南理学大师朱次琦为师。因受老师的影响，青年时便重视“经世致用”之学。后来他又去过香港、上海等地，接触到一些西方资本主义的事物，还阅读了一些介绍西学的书，因而深感中国再也不能以“天朝上国”自居，提出借鉴西法改造中国的主张。这个人，几次上书皇帝未果后，开始转向教育救国，创设万木草堂。期间，他还结识了今文经学大师廖平，受其影响转向推崇公羊学，用微言大义阐述反叛儒家古文经典的政治理念。

在一场宫廷政变后，他流亡日本，游历欧美等地，寻找治国医民的良药，西方空想社会主义学说对他产生了影响。最终他将这一学说与资产阶级历史观及公羊三世说融会贯通起来，构成《大同书》的思想源头。他对大同之路的现实可操作性没有信心，他担心其中的许多设想会搞乱人心。因此，直到他死后8年，《大同书》才由其弟子出版。

这个人，在他所处的那个时代，就已经认识到生产力的高度发展是推动社会进步的强大动力，他乐观估计二三百年间可以完成大同的进程。甚至，他在《大同书》一小注中提到，鉴于有“飞船”的发明，大同世界也许可以在一个世纪中实现。

这个人就是康有为。1858 年 3 月 19 日，康有为出生于广东省南海县。少年康有为聪明好学，孜孜不倦地攻读经典，可谓博览群书。这个时期，康有为从祖父那里接触到了清政府发下来的《邸报》，上面记载了许多国家和朝廷的政治大事。通过《邸报》，他“认识”了曾国藩、左宗棠、李鸿章等人物，同时，还了解到很多朝廷里的事情，这使少年康有为的眼界大开。

康有为的祖父还有许多的藏书，这其中就包括《海国图志》《瀛环志略》等一批介绍世界各国历史地理的书籍，少年康有为读到了利玛窦、艾儒略、徐光启等人所编著和翻译的书籍。对这些译著的阅读是康有为从中学转为西学的重要开端，对他后来主张向西方学习、推行变法维新起到了重要作用。同时，早年的很多经历都为他写成《大同书》打下了坚实的基础。

“大同”一词出自《礼记·礼运篇》，表示“天下为公”。康有为的《大同书》以“至公”为要旨，故取此名。康有为的《大同书》发展了《春秋公羊传》的三阶段说。他认为，中国处在“据乱世”阶段，而当时的欧美资本主义国家已经达到“升平世”的阶段，但还有比“升平世”阶段更高的“太平世”阶段。康有为认为“据乱世”时，整个人类都沉浸在苦难之中，他把人类“诸苦”罗列出来，共有六类三十八项之多。他认为在现存的社会中，无论什么样的人，都是苦的，甚至“神圣仙佛”也是苦的。而一切“苦难”的根源就在于“界”，世上一共有“九界”。要把人类解救出来，需要破除九界。到“升平世”时就已经进入了大同世界；到了“太平世”时，全世界就都进入了大同世界，世上的“九界”也都全被破除。去掉了“国界”，无国家之分，全世界合成一个公政府，因此军队和监狱都不存在了，自然不会再有战争了；消灭了“级界”，没有等级之分，也无种族之别，更无主无奴，男女各自独立，“全世界人类尽为平等”。

“国家”一词，在康有为看来，“国”都没有了，哪里还有“家”。因此，康有为把“去家界”作为解决人类苦难的根本之法，而所破界之中最难被人们接受的就是连“家”也毁灭的概念。同时，儿女由公政府抚养，人们生老病死之事也无须发愁，因为有非常完备的社会保障体系，也就是我们今天所谓的福利社会。当然，在大同世界里，生产力高度发达的前提是人人都要劳动，人们享受美好的物质生活。同时，文教也很发达，人人都有高度的文化教养和道德修养，社会风气优良。总之，他所设想的“大同”社会是个“至平、至公、至仁、治之至”的社会。由此可见，康有为的“大同说”，是一种非常宏伟、非常美妙的理想。

怎样才能实现大同世界呢？康有为认为这就要借用孔子“仁”的学说，要靠人的“不忍”之心，康有为虽然承认过去的政治统一大都通过革命的方式来实现，但他仍希望通过和平方式达到目的。他强调人可以通过教化来爱人，追求“求乐免苦”的人道精神，自觉履行对整个社会所负的责任和义务。

康有为的大同思想，以民权主义为根本原则，对君主专制予以彻底否定，希望实行民主共和政治制度的社会。《大同书》反映了近代中国人民反对专制主义、追求平等自由的精神，同时，表达了先进中国人对资本主义制度某些方面的不满，因而勾勒出超越中西社会制度的新的世界大同社会，进而进入没有剥削、没有压迫、平等平均、人人幸福的大同胜境。

在《大同书》中，我们看到民权的出现和发展是社会历史进步的必然趋势，这使“大同”成为可能。康有为在《大同书》中对黑暗社会的深刻揭露，对如何解决社会矛盾、寻求国富民强道路的探索，仍是有现实意义的。

梁启超就曾经在自己的著述中评价过康有为的《新学伪经考》《孔子改制考》及《大同书》：“若以《新学伪经考》比飓风，则后二书其火山大喷火也，其大地震也。”又说：“《伪经考》《改制考》皆有为整理旧学之作，其自身创作则《大同书》也。”可见康有为对未来社会的设计超越了前人，《大同书》为后人探索人类社会的发展道路提供了借鉴。

《大同书》是当时的中国先进的思想家试图解决社会问题、建立新型社会制度的一种空想。由于受到个人与时代的双重局限，《大同书》不可避免地存在着若干缺陷，但尽管如此，这本书的价值依然穿越了时空，对今天人们探索中国的发展道路依然具有启发意义。

撰写/梅　冬

14 立国与建国

——孙中山的1912

1911年（农历辛亥年）10月10日武昌起义爆发后，全国各省相继宣告脱离清政府独立，清政府的统治土崩瓦解。对于在什么地方建立民国中央政府以及由什么人就任国家元首，起义各省的代表难以达成一致的意见。武昌代表认为应在武昌，上海代表则认为应在上海。12月初，江浙联军攻占了南京，上海的革命党人提出中华民国临时政府设在南京，各省代表一致同意。12月4日，各省代表在上海召开会议，选举黎元洪为大元帅，黄兴为副元帅。对此，黎元洪虽然接受，但黄兴却力辞不就。因为他得到一个消息，一位众望所归的人正从海外归来，这个人就是同盟会的总理孙中山。

武昌起义爆发时，孙中山正在国外为革命活动筹款。在伦敦期间，孙中山曾收到国内电报，催促其回国担任拟建的共和国的总统，孙中山对此泰然处之。11月16日，他致电民国军政府："总统自当推定黎元洪。听闻黎元洪有推定袁世凯之说，我想，只要合乎时宜也是好的。总统应该随着实际的需要推定，只要能早日巩固民国的根基就可以了。清朝时代的权势利禄之争，国人早就十分厌恶……至于政权，都应该以服务国民为工作的要领。"从这份电报可以看出孙中山对建立真正的民主共和国的迫切愿望和对待权力的坦然态度。

1911年12月25日，孙中山从国外回到上海。以他多年为革命奔走的功绩及崇高威望，由他领导建立临时政府，乃众望所归。1911年12月29日上午10时，17省代表齐集南京，举行中华民国临时政府首任临时大总统的选举会。候选人确定为孙中山、黄兴和黎元洪。选票为每省1票，共17票，获三分之二以上选票者当选。这次会议决定以民主共和的方式立国，这对于实行君主专制和皇位世袭制度已经两千多年的老迈保守的中国而言，简直是一个奇迹。这样的立国方式也是孙中山长久以来的梦想。最终，孙中山得16票，黄兴得1票，孙中山当选为中华民国首任临时大总统。

孙中山，1866年11月12日诞生于广东省香山县（今天的中山市）翠亨村，幼名帝象，后取名孙文，字逸仙，在避居日本时，曾化名中山樵，后来人们多称他为孙中山。孙中山6岁开始跟随大人上山打柴放牛，到溪涧抓捕鱼虾，随外祖父到海边打蚝，还到邻村三合会人办的武馆偷学拳术，从小就培养了勤劳勇敢的精神。所以后来孙中山自称自己本是“农家子弟，生于长于农村，很小就知道做农活的艰难和辛苦”。孙中山9岁入村里的私塾读书，开始他的学习生涯。1879年，得长兄孙眉的帮助，13岁的孙中山跟随母亲乘船远赴美国的檀香山。后来他回忆说：“我平生第一次见识巨大的机器轮船的奇特，第一次看到沧海的辽阔，从那以后我就有了羡慕西学之心思、穷究天地的梦想。”到檀香山后，孙中山开始接受西式的教育，这使他的思想发生了很大的变化。学习期间，民族的灾难和新思想的熏陶，使他渐渐产生了振兴中华、拯救同胞、使中国人人都免受苦难、人人都共享幸福的愿望和理想。

1894年春，孙中山起草了《上李鸿章书》，提出“人能尽其才，地能尽其利，物能尽其用，货能畅其流”的主张，并亲自赶赴天津投书，希望获得李鸿章的接见。可见孙中山对晚清重臣李鸿章寄予了改革国家的希望，但他并没有如愿以偿，于是转而希望用另一种方式拯救中国。

1894 年，孙中山在美国檀香山成立了中国第一个资产阶级革命团体兴中会，这标志着近代中国民主革命运动的开始。《辛丑条约》签订后，全国各地纷纷组建革命团体。在孙中山的推动下，1905 年，第一个资产阶级革命政党中国同盟会在日本东京成立，孙中山被推选为同盟会总理，分散、孤立的革命力量逐渐走向联合，民主革命运动发展到一个新的阶段。

中国同盟会成立后积极开展革命宣传工作，孙中山的“驱除鞑虏，恢复中华，创立民国，平均地权”的三民主义政治主张对推动反清斗争的发展起了积极作用，以暴力手段推翻清朝政府的腐朽统治得到了越来越多的人的认同。各地连续发动的武装起义给清王朝的统治以极大的震撼。

1911 年四五月间，清政府将民办铁路收归国有，后来又将铁路修筑权转让给西方国家，从而引发全国范围内的保路运动，四川等地的保路运动还发展成为武装抗清的斗争。清政府紧急抽调湖北新军入川镇压抗清斗争，致使湖北防务空虚。湖北革命党人和湖北新军于 10 月 10 日率先在武昌发动起义并取得胜利，为中国民主革命树立了一面光辉的旗帜。紧接着，全国各省纷纷宣布摆脱清朝统治，清政府的统治分崩离析。

1912 年 1 月 1 日，孙中山在南京对国民宣誓就职，他在誓词中说:“推翻清朝专制政府，巩固中华民国，谋求民生幸福，这是整个国民的共同的意志，我孙文一定会忠实地遵守它，忠于民国，为大众服务。等到了清朝专制政府被彻底推翻，国内没有变乱，中华民国屹立于世界，为各国所公认的时候，我孙文也会请求解除临时大总统的职务。”孙中山的誓词反映了他对专制政府的憎恶，对民生幸福的追求及对民族振兴的渴望，同时也反映了他对政治权力的泰然。

孙中山宣誓就职后，临时政府宣布定国号为“中华民国”，同时改用公历纪年，以1912年为中华民国元年，以五色旗（象征五族共和、民族平等）为国旗，定都南京。至此，孙中山的立国之愿得到了初步的实现。

1912年1月2日，17省代表会议修正并颁布《中华民国临时政府组织大纲》（以下简称《大纲》），并依据《大纲》规定组织建立中华民国南京临时政府。南京临时政府组成人选经孙中山与各方面协商，经各省代表会议投票通过，同盟会成员、立宪派人士、清政府旧吏在新政府中各有安排，体现了孙中山团结各方面力量共建民主共和国的宽阔胸怀和全新的政治思维。

为保证国家机器的有序运转，南京临时政府依据《大纲》规定建立了临时参议院，以参议院行使立法权，并于3月11日颁行了带有宪法性质的《中华民国临时约法》。与此同时，南京临时政府还制定并颁行了旨在保护人民权利、促进民族工商业发展的一系列法令法规、政策措施等，在立国基础之上准备建设崭新的国家。国家元首由选举而非世袭产生，由各省的代表组成的议会行使立法权，实行民主宪政而非专制政治，立国建国都是为民服务，公务人员要做人民的公仆，这些都是现代国家的主要特征，也是以孙中山为首的南京临时政府留给后人的宝贵遗产。

辛亥革命爆发后，袁世凯以北洋军政实力为基础，利用清政府挽救统治危机的机会和西方国家的支持，全面控制了清政府的军政大权。1912年2月12日，清宣统帝被迫宣布退位，清朝统治终结。2月15日，在清帝退位、赞成共和、孙中山辞职的基础上，南京临时参议院全票选举袁世凯为中华民国第二任临时大总统。3月10日，北京临时政府成立，辛亥革命夺取的国家政权落入到以袁世凯为首的北洋军阀手中。此时，孙中山关注的重点是如何建立一个强大的国家，他去国外考察工业经济建设的方法，同时，在国内各地考察，终于写成《建国大纲》，为中国的社会、经济建设提出了切实而系统的规划，成为20世纪初最具有前瞻性的建国纲领。

撰写/王　健

15 20万银元买一篇文章

——梁启超反袁称帝的千古檄文

1915年8月的一天夜里，书房内，梁启超正在奋笔疾书。当洋洋洒洒的万余字文章完成时，他长长舒了一口气，随即撂下毛笔，站了起来。他扶着窗前的栏杆，望着窗外，东方的天空已经微微露出鱼肚白，天要亮了。

在这篇文章里，梁启超痛快淋漓地斥责了袁世凯的称帝野心。在给女儿的信中，他说："我定不忍坐视此辈鬼蜮出没，除非天夺我笔，使不复能属文耳。"袁世凯知道这篇文章后，非常恐慌，忙派人带着20万银元，火速赶往天津，给梁启超的父亲祝寿，并劝梁启超不要发表这篇文章。对此，梁启超严词拒绝了。之后，袁世凯又派人再次来到天津，威胁梁启超："你亡命十余年，不想过两天好日子吗？"梁启超笑着回答："我在流亡方面非常有经验，但我宁愿亡命，决不苟活于污浊的空气下。"铮铮傲骨，可见一斑。

9月，这篇文章刊登在北京英文报纸《京报》的中文版上。当日的《京报》很快就销售一空。一些没有买到当日《京报》的人，只好向人借报抄写。许多读者希望该报能够再版，甚至报纸也一度涨价。

这篇文章的内容是什么呢？它为什么会产生如此大的轰动效应？而梁启超与袁世凯又是怎样的关系呢？

梁启超是维新变法运动的领袖之一。袁世凯在辛亥革命后夺取了胜利果实，担任中华民国的临时大总统。这两位历史人物曾长期对立、仇视。维新变法期间，梁启超等人辅佐光绪帝变法，遭到以慈禧太后为首的顽固派反对，他们迫切需要一位拥有军事实力的人物的支持。这时候，他们想到了袁世凯，并向光绪帝推荐了他。但是袁世凯却阳奉阴违地出卖了维新党人，致使光绪帝被囚禁，梁启超避难日本，变法运动失败了。因此，梁启超等维新派人士对袁世凯恨之入骨。

1911 年 10 月 10 日，武昌起义爆发，清王朝的统治土崩瓦解。1912 年元旦，中华民国在南京成立。3 月，袁世凯又一次"时来运转"，辛亥革命的胜利果实落入了他的手里，他就任中华民国临时大总统，掌握了全部大权。鉴于国民党势力日益强大，袁世凯希望与梁启超合作，"相机排解、以纾渴忱"。梁启超也希望借此机会回国组建政党，同时深感能为袁"尽效绵薄，以赞高深"而荣幸。这样，在袁世凯的敦促下，梁启超于 1912 年 11 月回国。袁世凯为其举行了一个空前盛大的欢迎仪式。梁启超说，"当时是全国若狂，自己成为北京的中心，每个人都围绕在我身旁，好像天上的无数星星拥戴北斗星一样。"由这一席话可见他当时的兴奋心情。梁启超被委任为司法总长，组建进步党，与宋教仁等人领导的国民党是鹬蚌相争，从而让袁世凯坐收渔利。

辛亥革命虽然推翻了统治中国两千多年的君主专制政体，但却未能铲除滋生专制王朝的土壤。1913 年 3 月，袁世凯派人在上海刺杀了宋教仁，举国哗然。7 月，他镇压了孙中山发动的二次革命。10 月，他就任中华民国大总统。11 月，他下令解散国民党。1914 年，他又下令解散国会，废止《中华民国临时约法》，并于 5 月推出《中华民国约法》，改内阁制为总统制。之后，再修改总统选举法，总统任期 10 年，任届没有限制。在短短几年内，袁世凯的专制就达到了顶峰。这时，他的称帝野心已见端倪。1915 年初，袁世凯的大儿子袁克定邀请梁启超赴宴。在宴会谈话中，袁克定多次指出共和之缺点，隐露变更国体，求其赞同。梁启超表示并不完全赞同。1915 年夏天，社会上对袁世凯帝制活动已有传闻，而梁启超也密切关注事态的发展，曾与冯国璋一起向袁世凯力陈帝制活动的危险，袁世凯表示“矢誓不肯为帝，其言甚切”。因此，梁启超仍然参加了袁氏宪法起草委员会。只要袁世凯还肯表示出一点尊重宪法的意思，梁启超其实仍不放弃他的一丝希望。

但在袁世凯的亲自指挥下，“筹安会”出笼了，美国政治学家古德诺吹捧帝制的文章发表了。袁世凯逐渐撕去了一切伪装，把帝制活动公开化。在这种情况下，梁启超的态度也就发生了急剧的变化。他不仅为自己受了袁世凯的愚弄而愤怒，更为自己政治理想的完全破灭而痛苦。“吾不能忍（昨夜不寐，今八时矣），已作一文，交荷丈带入京登报，其文论国体问题也……”这就是那篇传诵一时的与袁世凯决裂的《异哉所谓国体问题者》。很快，这篇“讨袁檄文”犹如惊雷，令世人震撼。

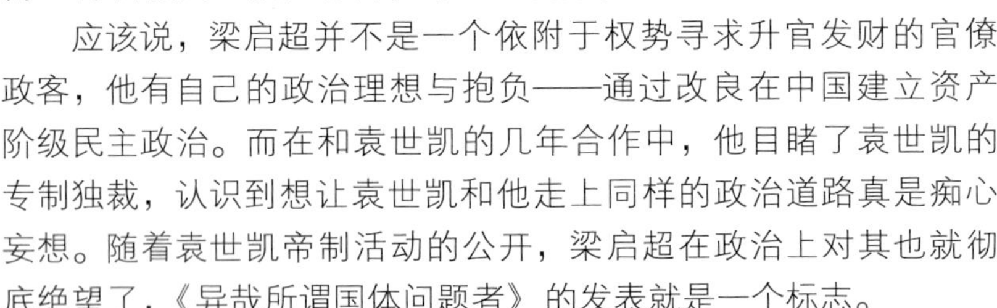

应该说，梁启超并不是一个依附于权势寻求升官发财的官僚政客，他有自己的政治理想与抱负——通过改良在中国建立资产阶级民主政治。而在和袁世凯的几年合作中，他目睹了袁世凯的专制独裁，认识到想让袁世凯和他走上同样的政治道路真是痴心妄想。随着袁世凯帝制活动的公开，梁启超在政治上对其也就彻底绝望了，《异哉所谓国体问题者》的发表就是一个标志。

那么，《异哉所谓国体问题者》的主要内容和基本倾向是什么？有人认为，“细读全文，人们将会发现，文章的字里行间，跳动的仍然是梁启超那颗忠于袁世凯的赤心。文章的基调是出自肺腑的娓娓规劝，文章指出袁世凯‘称帝选错了时候’”。其实，梁启超主要谈了两个问题：一个是他反对变更国体，反对复辟封建帝制；二是他劝袁世凯不要做奸雄。而前者是最主要的。梁启超对袁世凯一意孤行颇有惋惜之情，并进行了规劝。在初稿中，梁启超曾经痛斥帝制是倒行逆施，并声称，“就令全国四万万人中三万万九千九百九十九人皆赞成，而梁某一人断不能赞成也”。后来，北京的一些朋友怕梁启超会遭遇不测，就劝他删掉这段文字。

文章公开发表前，梁启超将这段言辞激烈的文字删除，但文章的影响力丝毫没有减弱。

9 月 4 日，《国民日报》转载了这篇文章，销量立刻剧增。当时的读者见面的第一句话就是："你有 3 号的《京报》吗？如果有 4 号、5 号的《国民日报》也可以。"直到 6 日还有不少读者到报社去购买前两天的报纸。此后，梁启超和他的学生蔡锷在各方力量的支持下，领导了以反对袁世凯复辟帝制、维护共和制度为目标的护国运动，并取得重大胜利。1916 年 6 月 6 日，众叛亲离的袁世凯气绝身亡。从某种意义上讲，《异哉所谓国体问题者》一文揭开了反袁护国运动的序幕，它的发表成了中国近代历史上的重要事件之一。

撰写/李春荣

16 力挽危局的事变

——解决“西安事变”的内幕

冬日的西安，尽管满目萧条，可是位于临潼区的骊山风景区却是风光旖旎。幽幽骊山，仿佛充满着玄机与变数。顺着华清池东边的林荫小道慢慢前行，沿阶徒步舒缓地攀援，径直而上，再经过修葺一新的石阶栈道，不多时便见一个简约的石亭，这便是骊山兵谏亭。兵谏亭倚崖而建，屹立在骊山西绣岭虎斑石处。初看它时只是很普通的四角石亭，可它作为“西安事变”标志性建筑，其分量和意义十分重大。它与周围的虎斑石、蒋介石藏身处，还有2004年新建成的一组“‘西安事变’浮雕”相互呼应。

1936年12月12日，张学良、杨虎城决定发动兵谏，逼迫蒋介石抗日。12月12日凌晨，张、杨带兵包围华清池，酣睡中的蒋介石突闻枪响，急忙躲避，藏于石洞内，后来被搜山部队发现，送往西安。这便是震惊中外的“西安事变”。一时间，日本、美国、苏联及国内各派政治势力迅速行动起来，这一天发生的事件影响极其深远。

蒋介石被扣押的消息，像一声炸雷打破了寂静，惊动了全国。事变发生后，张学良立即向中共中央通报，说他们扣留了蒋介石，并提出八项主张，请中共中央速派代表到西安，共商抗日

救国大事。

突闻剧变，中共中央反应迅速，当天就对“西安事变”的当前工作和长期打算做出安排。中共中央政治局召开会议，经过紧张的研究，会议决定立即给张学良、杨虎城二人复电，赞扬他们的正义行动，“元凶被逮，薄海同快”，并且建议“向全体官兵宣布蒋氏卖国残民罪状，政治上团结全军，这是最紧急任务之一”，并请派飞机接周恩来前去西安。同时，决定通电全国，表明我党和平解决“西安事变”的立场。

此时的古城西安笼罩着紧张的气氛。事变当天上午，张学良和蒋介石发生了激烈争吵，蒋介石甚至拍起了桌子说：让我签字同意八项政治主张，除非把我枪毙了！而南京政府多数人估计将介石没有生还的希望，亲日派跃跃欲试，西安局势变得异常紧张。在这千钧一发的紧要关头，周恩来率领的中共代表团从陕北赶来了。

当时，最迫切需要处理的关键问题是如何处置蒋介石，周恩来和张学良在会谈中对此也进行了商讨。经过对形势的仔细分析，中共中央对局势做出了更准确的判断。认可了“保蒋安全”策略，放弃一开始对外宣传审蒋罪行的决策，公开呼吁和平解决“西安事变”。

抵达西安后的第二天（12 月 18 日），周恩来就到止园杨公馆拜会了杨虎城将军，双方进行了交谈。随即在张公馆的中楼，举行了以东北军张学良、十七路军杨虎城、中共周恩来为代表的三方会谈。在会谈中，周恩来充分肯定了张、杨的爱国热情，并提出和平解决“西安事变”的六项主张。

12 月 21 日，中共中央致电周恩来，要周与张、杨商量“争取蒋介石、陈诚等与之开诚谈判”，并提出改组南京政府、停止讨伐西安、保障民主权利、与红军联合抗日、与同情中国抗日的国家合作等条件。这是中共文件中第一次提出在“西安事变”中以蒋介石为谈判对象，第一次提出释放蒋介石的问题，并围绕停止内战、联合抗日这一根本问题列出具体谈判条件。这是中共和平解决“西安事变”决策的重大变化，完成了由审蒋罪行到保蒋安全、再由保蒋安全最终到释蒋抗日的根本转变，从而也使中共和平解决“西安事变”的决策最终成熟并得以确定。

12月22日，宋子文、宋美龄一行飞抵西安。宋子文、宋美龄等到达西安后即与蒋介石见面，蒋介石的态度马上在当天发生明显转变。据周恩来致中共中央电，“蒋暗示宋改组政府，三个月后开救国会议，改组国民党，同意联俄联共”。当然，蒋介石还提出两个条件：一是他本人不出面，由宋氏兄妹代表他谈判；二是商定的条件，他以“领袖的人格”作保证，而不作任何书面签字。西安方面以民族利益为重，答应了这两个条件。

“西安事变”的正式谈判终于在各方的努力下紧锣密鼓地拉开了帷幕。12月23日，南京方面由宋子文出席，西安方面由张学良、杨虎城出席，中共方面由周恩来出席，三方开始正式谈判。由于此时蒋介石态度的转变，谈判很顺利，三方立场迅速接近。由宋氏兄妹代表蒋介石在一份保证文件上签了字。在这份保证文件中，蒋介石同意：（一）宣布并开始武装抗击日本侵略者。（二）停止进攻中国共产党。（三）容纳共产党共同抗日。（四）把亲日派官员从国民政府中请出去。蒋介石的顾问、美籍澳大利亚人瑞纳，作为“见证人”，也在文件上签了字。蒋介石不同意签字保证，以“领袖人格作保”，回南京后逐步执行谈判协议。

“西安事变”有个非常奇怪的地方，那就是张学良为什么扣留蒋介石。因为兵谏等同于军事政变，可张学良并不想取而代之，但是，一旦在政变时逼迫蒋介石所做的，待他回去以后他会认同吗？无论从常识或逻辑上这都讲不通。但张学良就是这样一个不按逻辑、不遵常识、不想后果做事的人。在捉蒋前的师军长会议上，他宣布要动手，众人无语，只有王以哲军长问“捉了之后怎么办？”张学良回答，先捉了再说。这么大的事怎么可以先捉了再说？而在张决定陪蒋返南京时，部下劝阻，他又是先送他回去再说。张学良为什么这么做呢？

事实上，张学良之所以这么做，很大程度上是因为他寄希望于共产国际。

张学良对共产国际的“统一战线”充满了期望。1936 年上半年，张学良在同红军会谈时首先提出了“红军和东北军如何派代表去苏联？请苏联援助中国抗日”的建议。1936 年 12 月 12 日凌晨，蒋介石坚持的先剿共政策终于使得张学良和杨虎城发动军事政变。兵谏发生后，张学良要刘鼎立刻向中共领导人发电：“吾等为中华民族及抗日前途利益计，今已将蒋介石等扣留，逼其释放爱国分子，改组联合政府。兄等有何高见？速复。请派人前来商大计。”

然而，结果却让他们大失所望：“西安事变”发生后，张、杨两人遭到了斯大林和共产国际的强烈反对，他们几乎众口一词地猛烈抨击事变为日本和投降派汪精卫的阴谋。14 日，苏共中央机关报《真理报》发表社论，把张、杨的义举说成是“叛变”，是“利用抗日运动进行投机”。苏联把“西安事变”说成是中国亲日分子的一个阴谋。《国际新闻通讯》等共产国际刊物，也不断地把张学良说成是“叛徒”“强盗”。

共产国际和苏联政府之所以这么做，也是有目的的。他们竭力贬斥“西安事变”，表白自己同这一事变毫不相干，是出于当时历史条件下对外政策的需要。斯大林亲自草拟了电报，请中共驻共产国际代表团转告中共中央：“应该首先了解到：蒋介石是抗日的，打倒蒋介石，必会引起内战，而内战只能有利于日本侵略者。”斯大林还解释说，张学良分量不够，怎能做全国抗日领袖？中共也一时没有领导抗日的能力。蒋介石虽是一个“可憎的敌人”，但他是中国唯一有希望的抗日领袖。中共的和平解决方案也是基于中国面临日本侵华的形势。这一政策的最终结果是在民族危机的关键时刻，国共两党达成共识，使“西安事变”成为扭转时局的关键。另一方面，这一事变还是国内斗争双方用一种“和平”方式解决矛盾的典范，成为以后国共合作的有益基础。

撰写/李玉莹

17 马克思主义的中国化

——毛泽东思想的智慧

1910 年，16 岁的毛泽东读到一本叫《盛世危言》的书，作者是郑观应，书里讲社会要改良，毛泽东非常喜欢。这样，他开始知道一些发生在韶山以外的中国大事，感到中国不能守着老样子不变了。

足迹所及只限于韶山冲和唐家坨的毛泽东想到外边去闯一闯。父亲毛顺生本来打算送他到湘潭县城一家米店当学徒，可是他到外面继续求学的愿望更迫切。恰好在这时，表哥文园昌告诉他，离韶山五十里的湘乡县立东山小学堂在讲授新学。他听了很动心，便先后请八舅文玉清等亲戚劝说父亲。毛顺生听后，觉得儿子进洋学堂也许是件好事，就同意了。

这年秋天，毛泽东离开闭塞的韶山，走向外面更广阔的世界。这是他人生历程中的第一个转折，他的激动心情是可以想象的。临行前，他改写了一首诗，夹在父亲每天必看的账簿里："孩儿立志出乡关，学不成名誓不还。埋骨何须桑梓地，人生无处不青山。"

辛亥革命爆发后，毛泽东在起义的新军中当了半年兵。1914—1918 年，毛泽东在湖南第一师范学校求学，毕业前夕和蔡和森等人组织革命团体新民学会，并在这一过程中寻找新的救国理论。毛泽东在《论人民民主专政》中讲道："十月革命一声炮响，给我们送来了马克思列宁主义。十月革命帮助了全世界的也帮助了中国的先进分子，用无产阶级的宇宙观作为观察国家命运的工具，重新考虑自己的问题。走俄国人的路——这就是结论。"1920年，毛泽东在湖南创建共产主义组织。他说："到了1920年夏天，在理论上，而且在某种程度的实际上，我成了一个马克思主义者了。"

1921年，中国共产党成立，随即领导工人运动，建立统一战线，开展国民大革命。革命过程中，由于中共领导人对中国革命的基本规律、革命所依靠的基本力量和革命的主要特点缺乏认识，结果犯了右倾错误，照搬马克思主义的相关理论，放弃了无产阶级对民主革命的领导权，同时又过分依赖共产国际和联共中央的指导，使大革命以失败告终。

大革命失败后，中共意识到掌握武装的重要性，开始创建军队，在南昌打响了武装反抗国民党反动派的第一枪，但仍以失败告终。之后，毛泽东总结：中国革命要走向胜利，必须要打破在中心城市夺取政权的模式，打破共产国际的教条化倾向，也就是要把马克思主义普遍真理同中国革命的具体实践结合起来。

毛泽东的出身使他了解农民的疾苦，熟悉农村社会。他说："马克思主义的书读得很多，但是要注意不要把'农民'这两个字忘记了，这两个字忘记了，就是读一百万册马克思主义的书，也是没有用处的。"这为他日后研究中国问题，把马列主义理论与中国实际相结合提供了极为有利的条件。毛泽东把农民问题、农村问题作为中国革命问题的关键。早在20世纪20年代就写出了《中国社会各阶级的分析》《湖南农民运动考察报告》等马克思主义著作。1927年8月7日召开了"八七"会议，确定了实行土地革命和武装起义的方针，并把领导农民进行秋收起义作为当前党的最主要任务，指明了今后革命斗争的正确方向，中国革命从此开始由大革命失败到土地革命战争兴起的历史性转变。

秋收起义失败后，毛泽东率军队来到井冈山。这一时期，毛泽东不断调查研究，在他看来，在政治、经济发展不平衡的半殖民地半封建的农业国家里，中国革命要走向胜利，必须把马克思主义普遍真理同中国革命的具体实践结合起来。为此，他写出了《中国的红色政权为什么能够存在》《井冈山的斗争》《星星之火可以燎原》等著作，提出“工农武装割据”的思想，就是在中共领导之下，把武装斗争、土地革命、建立革命政权三者结合起来。正是在这一思想的指导之下，中国共产党开辟了农村包围城市、武装夺取政权这一符合中国国情的革命道路，这是一条不同于苏俄的革命道路。这也是马克思主义中国化的第一次伟大胜利，标志着毛泽东思想的形成。

农村包围城市革命发展道路理论，揭示了中国革命发展的规律，指导中国革命取得了最后的胜利。毛泽东指出：“不论做什么事情，不懂得那件事的情形，它的性质，它和它以外的事情的关联，就不知道那件事的规律，就不知道如何去做，就不能做好那件事。”中国革命有其自身特殊的发展规律，这种特殊的发展规律根源于中国独特的国情，农村包围城市革命发展道路理论正是建立在对中国国情准确的把握和认识的基础上。

从 1927 年到 1933 年，在工农武装割据的思想影响下，各地出现了十几处农村革命根据地。但是到 1934 年 10 月，由于多种因素，红军在王明“左倾”思想指挥下，连连失败，被迫长征。1935 年 1 月，红军到达遵义，在这里召开的政治局扩大会议上，毛泽东的军事思想得到大多数与会者的支持，他也成为三人军事指挥组的成员。

抗日战争爆发后，毛泽东在陕北有时间思考整个中国形势与中国革命发展的问题，这期间他撰写了《中国革命与中国共产党》《新民主主义论》等著作，成为毛泽东思想的重要组成部分。1945 年春，中共七大召开，毛泽东思想写进了党章，成为中国革命的指导思想。

撰写/殷　宏

18 改革开放的总设计师

——邓小平的政治智慧

1992年1月17日，农历腊月十三。一列火车从北京开出，向着南方奔驰而去。这是一趟没有编排车次的专列。除了中枢机关和随行人员之外，谁也不知道此趟专列载的是谁，谁也不曾料到这趟专列的南方之行将会改变整个中国的历史命运。

专列上的主人公是中华人民共和国的一位并不普通的普通公民——已经退休的、88岁的邓小平。熟悉邓小平的人都知道，他向来重视天伦之乐，喜欢和家人在一起。而这次，正值寒假，邓小平亲切地问外孙女羊羊（卓玥）："我们去南方过年，好吗?"羊羊高兴地跳起来说："好啊，我寒假还没有出去过呢!"这是邓小平自1989年退休后第四次在南方过春节了。

选择新年伊始出京，绝不是邓小平心血来潮，无疑他是经过深思熟虑的。回顾这几年，国际国内环境发生了很大的变化。国际上，1991年，随着东欧剧变，苏联解体，国际共产主义运动顿时陷入低潮。两极格局结束，世界力量对比失衡，多极化的趋势日益加强。国内政治风云变幻，反对改革的"左倾"势力抬头，中国的社会主义道路究竟应向何处延伸?

在这种形势下，有人提出资产阶级自由化的主要危险来自经济领域，多一个“三资”企业就多一份资本主义，姓“资”姓“社”的争论一时间搞得人心惶惶。因此，很多人担心这样改革下去会改变中国社会主义的性质，于是改革陷入了困境。

很多习惯了改革前生活的人，对这场伟大变革缺少应有的思想准备。特别是当改革深入到涉及自身利益的时候，人们开始困惑；而当发现有人以种种不正当或非法手段在改革过程中获取利益，成为暴富，特别是有些官员以权谋私，腐化堕落，社会风气大有恶化的趋势时，人们又开始不满。

在这种形势下，中国的改革是继续前进，还是向后退？是继续以经济建设为中心，还是以保卫政权、防止和平演变为中心？是继续扩大开放，还是退回到原来的路子？1992 年，这是继 1978 年以来又一个关系到中国社会主义前途和命运的一年。中国的路怎么走，需要及时给予回答。而此时退居二线的、已到耄耋之年的邓小平再次展现了改革开放总设计师的风采。

邓小平很清楚地记得他在 1978 年十一届三中全会前的那次讲话：“要解放思想，但最主要的是实事求是。”是啊，做任何事情、任何决定都要实事求是。在解放思想、实事求是的理论指导下，邓小平一边走、一边谈，内容看似很杂，但每一句话都包含着深邃的道理。

1 月 18 日，武昌。邓小平从这里开始，发表了一系列重要讲话。

18 日下午，长沙。邓小平指出：“改革开放的胆子要大一些，经济发展要快一点，总要力争隔几年上一个台阶。”

19 日至 22 日，深圳。邓小平这次南方之行的关键一站，他指出：“要坚持‘一个中心、两个基本点’。不坚持社会主义，不发展经济，不改善人民生活，只能是死路一条。基本路线要管一百年，动摇不得。”“社会主义的本质，是解放生产力，发展生产力，消灭剥削，消除两极分化，最终达到共同富裕。”“一切要以是否有利于发展社会主义的生产力、有利于增强社会主义国家的综合国力、有利于提高人民生活水平这‘三个有利于’为根本判断标准。”

23 日，珠海。邓小平再次强调“实践是检验真理的唯一标准”“科学技术是第一生产力”等论断。

30 日，江西鹰潭。邓小平强调：“稳定发展我赞成。但是，只要能快一点还是争取快一点。胆子要更大一点，放得更开一点。不要胆子没有了，雄心壮志也没有了。有机遇能跳还是要跳。”

31 日，上海。这是邓小平此次南巡的最后一站。邓小平再次强调指出：“计划多一点还是市场多一点，不是社会主义与资本主义的本质区别。”“计划和市场都是经济手段。”

概括起来说，邓小平南方讲话的主要内容有如下几点：第一，阐述了要坚持党在社会主义初级阶段的基本路线不动摇。第二，阐述了社会主义市场经济的理论。第三，创造性地提出了社会主义本质论和判断各项事业是非得失的标准等重要主张。

邓小平的这些讲话是从中国改革开放的实际情况出发的，他深知作为发展中国家的中国，首先要以经济建设为中心，大力发展生产力，努力提高综合国力和人民的生活水平。正如他经常说的“经济建设看起来是经济问题，实际上是政治问题”，如果不把经济搞上去，中国就不能立于世界民族之林，中国共产党就得不到人民的真正拥护。

如何进行社会主义现代化建设，一直以来人们认为“社会主义＝公有制＋计划经济＋平均分配，”因此新中国成立以来很长一段时间里我们学习苏联，搞高度集中的计划经济体制，实行单一的公有制，产品实行绝对的平均主义，结果这样的生产关系不符合当时落后的生产力水平，从而严重挫伤了人民的生产积极性，阻碍了中国生产力的发展。邓小平充分考虑到中国的特殊国情，提出要解放思想，认真学习人类各种文明的先进经验，当然也包括资本主义文明的经验，不管计划和市场，只要能符合当前中国的生产力发展水平，促进中国经济发展的就是好的体制。

1992 年的春风再次吹绿了中华大地，在邓小平南方讲话的指引下，中共十四大召开，大会明确了我国经济体制改革的目标是建立社会主义市场经济体制，此后中国社会主义市场经济体制逐步建立起来，中国改革开放驶上了发展的快车道。南方讲话后，邓小平几乎很少在正式场合活动，作为中国革命的奠基者之一、中国改革开放的总设计师，这样的选择是难能可贵的。选择退休是邓小平晚年的夙愿之一，“为什么要退下来？因为中国现在很稳定”。

1997 年 2 月 19 日，这位为中国革命和建设事业奉献一生的无产阶级战士走完了他人生的道路，他的一生是伟大而平凡的，正如苏联总统戈尔巴乔夫这样评价他：“像您这样的伟人才是真正无法战胜的，您是全世界最伟大的政治家。”

撰写/殷　宏

19 由革命到执政

——中国共产党跨世纪的新理论

1952年2月10日，农历壬辰年正月十五日，这是中国传统的元宵佳节，在中国人眼里，这是一个喜庆的日子。然而，当新中国走到这一天的时候，华夏大地却笼罩着凝重、愤怒的气氛，春节带给人们的欢声笑语要过早地被收起来了，因为这一天，有两颗跳动的心脏将被正义的子弹洞穿，有两个曾为新中国的解放事业出生入死的人将永远离开这个世界，再也不能在阳光下欢度元宵佳节了。

这一天，天气特别晴朗，初春的北风夹裹着浓浓的寒意，一阵阵地掠过华北大地。古城保定，这一天，它将成为全国乃至全世界注目的焦点。上午10点，失去了往年元宵节喜庆气氛的大街上，开始出现一支支的队伍，人们从四面八方涌向保定市体育场，参加在那里举行的对前天津地区地委书记刘青山、专员张子善的公审大会。12点，一个铿锵有力的声音说道："将大贪污犯刘青山、张子善押上来！"全场两万多双眼睛圆睁着，偌大的会场竟没有一个人说话。经过一个多小时的审判，刘、张二人的罪行公之于世。最后，大会宣布："大贪污犯刘青山、张子善贪污国家财产，克扣民工、灾民工资，勾结奸商非法经营牟利及贪污行贿等罪行，证据确凿，判处两人死刑，立即执行，并没收其本人全部财产。"随后，刘、张二人被押赴刑场，执行枪决。

这是新中国成立以后第一次处死“封疆大吏”，因此被称为“新中国反贪第一案”。中国共产党历经了28年的艰苦卓绝的革命斗争，最终成为了执政党，如何管理和建设新中国，摆在中国共产党人面前的是一个全新的课题。早在中共七届二中全会上，毛泽东就讲过：“夺取全国胜利，这只是万里长征走完了第一步……中国的革命是伟大的，但革命以后的路程更长，工作更伟大，更艰苦。这一点现在就必须向党内讲明白，务必使同志们继续地保持谦虚、谨慎、不骄、不躁的作风，务必使同志们继续地保持艰苦奋斗的作风。”可以看出，中国共产党的领导者们很早就认识到新中国建设的艰巨性，认识到了党的建设的重要性和迫切性。

时间弹指一挥间，转眼已经建国60余年，在刚刚跨入21世纪的时候，中国共产党审时度势，提出了关于党的建设的“三个代表”重要思想，成为新世纪的社会主义现代化建设的指导思想。那么，这一思想理论是在什么样的背景下提出来的呢？

“三个代表”重要思想作为一种伟大的理论创新，反映了当今世界和中国的实际情况。它是应对和平与发展的时代主题，世界政治格局多极化趋势明显，经济全球化加强，科学技术突飞猛进的国际局势。它也是中国当前处于社会主义初级阶段，面对中华民族伟大复兴、社会主义经济改革、新老交替等问题需要解决的反映。

当今世界，和平与发展仍然是时代的主题，人类经历了20世纪的两次世界大战的浩劫，也经历了冷战对峙的磨难，对和平有着深刻的认识，中国和世界各国人民都希望和平共处。在冷战时代，中国处于“左倾”时期，以“阶级斗争为纲”，“革命与战争”成为人们的日常思维，而忽略经济建设从而导致“文化大革命”的灾难。因此在“三个代表”中，我党提出要始终代表中国先进生产力的发展要求，坚定不移地以经济建设为中心，全面建设小康社会。

中国正处在改革开放的关键时期，“三个代表”重要思想正是对这一时期的深层次思考，具有战略意义。中国要实现中华民族的伟大复兴，其关键是发展社会生产力。我党只有代表中国先进生产力的发展要求，才能推动中国持续、快速、健康的发展，并屹立于世界民族之林。21 世纪初，中国正处于由计划经济向社会主义市场经济体制转变的关键时期，在这个过程中，改革会触及一部分人、一部分地区的利益，如何全面加强党的建设，使我党始终代表最广大人民群众的根本利益，全心全意为人民谋利益，这是需要我党在思想上和政治上深刻认识的。

中国在经济改革取得初步成效之后，如何建设一个文化大国成为时代赋予这一代中国人的使命，为中华民族的伟大复兴，中国共产党必须始终代表中国先进文化的发展方向。

2000 年 2 月，中共中央总书记江泽民同志在广东考察工作时，面对新形势新任务如何切实加强党的建设问题发表了重要讲话，科学地总结了我们党 70 多年的基本经验，指出：我们党作为中国工人阶级的先锋队，在革命、建设、改革的各个历史时期，总是代表着中国先进社会生产力的发展要求，代表着中国先进文化的前进方向，代表着中国最广大人民的根本利益。

江泽民同志的讲话，从历史唯物主义的高度深刻揭示了新时期我们党的根本性质，指出了党的根本任务。中国共产党开始以“执政为民”的理念作为 21 世纪中国社会经济发展的指导思想。

“三个代表”是由我们党的性质和纲领决定的。我们党作为中国工人阶级的先锋队，肩负着建设有中国特色社会主义，最终实现共产主义社会制度的崇高使命，必须体现工人阶级与现代化大生产相联系、代表最先进生产力这一阶级本质，始终代表中国先进社会生产力发展的要求。

“三个代表”是我们党不断发展壮大的历史经验的总结。中国之所以需要共产党，共产党之所以能够登上中国的历史舞台并发挥巨大的历史作用，正是适应了中国先进社会生产力、中国先进文化、中国最广大人民根本利益的要求。历史的经验表明，“三个代表”是我们党立党之本、力量之源、生命之基。

江泽民同志关于“三个代表”的重要思想，是对我们党的性质、宗旨和根本任务的新概括，是对马克思主义建党学说的新发展，是新形势下对各级党组织和党员干部提出的新要求。江泽民同志指出，要把中国的事情办好，关键取决于我们党。只要我们党始终代表中国先进社会生产力的发展要求、代表中国先进文化的前进方向、代表中国最广大人民的根本利益，我们党就能永远立于不败之地，永远得到全国各族人民的衷心拥护，并带领人民不断前进。

三　经济学智慧

配第生活的时代是一个经济与政治都在迅速转型的时代。17 世纪的英国经济以农业为主，全国大多数人口都居住在农村。各地区的居民基本上还过着自给自足的经济生活，其日常生活用品大多也是当地生产的。一般的农村居民穿着用兽皮、麻布或粗帆布制成的简陋衣服以及打了平头钉的鞋子，用木制的盘子进餐，主要的食品是黑面包。不过，英国的经济与欧洲大陆很多国家有所不同，它的一个显著特点是，农业很早就与市场发生了联系。

撰写/王　雄

白银和小麦为什么能够交换
——“价值由劳动决定”的提出者威廉·配第

甲地生产小麦，乙地生产白银。老刘在甲地种小麦，收获很多。老李到乙地开采白银矿，并提炼出白银，然后铸造成银币。老李用银币购买一家人的吃穿用等生活必需品，最后还剩下不少银币，这些银币能够换取老刘卖出的所有小麦。一个看似简单的问题由此产生，这两个人生产的产品不同，劳动的时间也不同，为什么能够成功交换呢？由此推广，人们日常生活中的各种商品能够交换的内在因素究竟是什么呢？17世纪英国的威廉·配第正是揭示这一奥秘的著名经济学家。

配第生活的时代是一个经济与政治都在迅速转型的时代。17世纪的英国经济以农业为主，全国大多数人口都居住在农村。各地区的居民基本上还过着自给自足的经济生活，其日常生活用品大多也是当地生产的。一般的农村居民穿着用兽皮、麻布或粗帆布制成的简陋衣服以及打了平头钉的鞋子，用木制的盘子进餐，主要的食品是黑面包。不过，英国的经济与欧洲大陆很多国家有所不同，它的一个显著特点是，农业很早就与市场发生了联系。

早在十三四世纪时，英国的农村已成为意大利佛兰德尔和佛罗伦萨发达的呢绒业的原料产地，即羊毛的供给地。到了17世纪，为了便于把各地区的粮食运送到伦敦等中心城市去销售，人们制造出了许多复杂的运送粮食的工具，这些工具供远至达拉姆及其他郡的农民使用。据1608年格罗斯特郡的人口职业调查，当时该郡的人口中只有1/2的人还在直接从事农业生产，其余的人都从事其他职业，如丝织业、制革业和饮食加工业等。即使从事农业生产的人，在农闲时也从事手工业或其他行业，而手工业者也利用部分时间从事农业劳动。

威廉·配第出生贫寒，父亲是手工业者。迅速发展的社会经济为他创造了出人头地的机会。他14岁开始独立谋生，16岁时，他为自己的人生奠定了坚实的基础。他靠勤奋和聪慧掌握了拉丁语、希腊语、法语、数学、天文学和航海知识。他曾经从事过许多职业，如商船上的服务员、水手等。1649年，他获得牛津大学医学博士学位。开始做医生、解剖学教授。后又从事发明、测量员的工作。1658年被选为英国议会议员。1662年被选为英国皇家学会会员。晚年拥有10. 9万公顷土地，成为大地主，并经营铁厂、渔场和木材场等企业。他在年轻时的努力为他赢得了极大的财富和声誉。

“经济”这个词在古代中国的含义是“经邦济民”，也就是治国平天下的意思。但是，我们今天使用的“经济”一词是从西方翻译而来，其含义与古代中国不同。19世纪末，日本人掀起了工业革命浪潮，吸收并宣传西方文化，大量翻译西方书籍，将“economics”一词译为“经济”。在新文化运动中，中国学者将日本人翻译的西方文化著作大量转译到中国，因此，“经济”一词被中国引用。“经济”的含义很多，最简单的是指用较少的人力、物力、财力、时间、空间获取较大的成果或收益。而将人力、商品、财富连接起来的便是各类市场。如劳动力市场、商品市场、金融资本市场等。

配第认为，商品之所以能够交换，是因为“生产商品的劳动相等”。就拿前面的事例来说，老李剩下的银币所花费的生产时间与老刘种植小麦所花费的时间相同，两者才能够进行交换。如果老李生产的银币多，也就意味着花费的劳动多，那么，他去购买老刘生产的小麦就会多出一些银币。反之，如果生产的银币少，花费的劳动也就少。那么，他只能购买一部分小麦。推而广之，很多商品之间能够交换的主要原因就是商品包含着劳动，因此，商品的价值就取决于生产中所消耗的劳动。

作为当时最重要的重商主义经济思想家，配第还有很多创见，这些创见在经济学中有着重要地位，同时，也为我们理解和探索经济生活奠定了基础。以下选择其主要的思想，概述其成就。

第一，劳动分工。传统工匠能掌握很多技能，如纺织工既能选料，又能纺线，还能织布，甚至染色，等等。人们一般对此很钦佩。但是，在配第看来，这并不是最佳选择。他以英国的毛纺织业为例加以分析。如果一个人梳毛，另一个人纺纱，再一个人织布，这样生产出来的布料，一定比那种不分工的方式生产出来的布料便宜，且质量要好。这为后来亚当·斯密更为深入地探讨这一问题奠定了基础。

第二，货币的流通速度。人们一般看重有多少钱，即货币的数量，却忽视了货币转换的频率。打个比方说，如果我们有1000元用来批发水果，这是货币的总数量。假设在一个月内一次花出去，频率就是1次。但是，如果我们每3天卖出100元，这样可以分10次批发，频率就是10次，而每一次只需100元。所以，我们只要有100元就能完成一个月1000元的批发水果生意。这样看起来，货币的流通速度就显得很重要了。

第三，关于地租的理论。什么是地租？配第认为，地租等于土地的全部收入减去可能的花费（如雇佣人种植所支付的工资）。出售土地就意味着将收取地租的权力出让给别人。出售的价格应该是三代人同时生存期间的地租收入，他将这一时间定为21年。此外，他还认为，土地价格还受到土地质量和离市场远近的地理位置的影响。

第四，经济增长的决定因素。配第生活的年代经济迅速发展，但是阻碍经济发展的因素很多，大多数人对市场经济的看法还停留在过去以农业为主的旧时代里。比如当时人们会将还不起债务的小偷处以绞刑。他对此坚决反对，不过，他并不是出于人道主义的同情心，而是基于经济发展的考虑。他认为，决定经济发展的因素是土地、人口的素质、人口的构成和人口的密度。他主张鼓励人口增长，减少非生产性劳动者人数，增加生产性劳动者的数量。由此可见，劳动力对于国家是很重要的，那么小偷就不应该被处死，而应该强迫他劳动，这样就可以用很低的支出，得到其劳动所创造的财富，这对于国家来说，等于多了两个劳动力。这一思想无疑对经济发展和社会观念的进步是有利的。

第五，充分就业。配第认为，政府应该雇佣那些失业的人来修路、挖河道、种树、造桥、采矿和制造各种商品。从这个意义上看，配第是提倡政府要在经济发展中发挥重要作用，通过增加公共服务以减少周期性失业的较早的经济学家，也正因为此，人们将他看成是20世纪经济学中最为重要的理论“凯恩斯理论”的先驱者。

当然，配第毕竟生活在一个经济学刚刚起步的时代，他也有不少错误的论断。但是，他的创见非常丰富，在经济学发展史中占据了特殊地位。马克思在指出他的不足的同时，更称他为“现代政治经济学的创始者”“最有天才的和最有创见的经济研究家”“在某种程度上也可以说是统计学的创始人”。

撰写/徐渭清

21 蜜蜂的寓言

——曼德维尔引起争议的创见

1720年，荷兰裔英国医生曼德维尔出版了一本书，书名叫做《蜜蜂的寓言，私人的恶行，公共的利益》。他把人类社会比喻为一个蜂巢，一个充满恶行的蜜蜂王国，一度因繁荣昌盛而名震天下。开始，王国的蜜蜂贪图享受，任意挥霍。每只蜜蜂都在近乎疯狂地追求自己的利益，虚荣、伪善、欺诈、享乐、嫉妒、好色等恶德在每只蜜蜂身上表露无遗。为了满足一部分蜜蜂无穷无尽的欲望，大批蜜蜂日夜劳作制造了很多精巧的产品。街上商品琳琅满目，行人摩肩接踵，一片兴旺景象。王国国库充盈，国力强盛，天下无人能敌。后来，邪恶的蜜蜂突然觉悟了，向天神祈求让他们变得善良、正直、诚实起来。天神终于发出誓言：使那个蜂巢全无欺诈。天神实现了誓言，蜜蜂崇尚节俭，鄙弃奢侈。商人们不再去远方追逐利润，结果工人们因商品无人购买而告别倒闭的工厂。人们赞美节约，赞美家中的储蓄。可是经济越来越萧条，王国越来越衰弱。最后，外敌入侵，国破家亡，蜜蜂四处逃遁。

《蜜蜂的寓言》意思是说，只有当每只蜜蜂按照私利的原则去追求财富，社会才会繁荣。如果禁止这些私利，整个社会就会陷入贫困，美德也成为空话。自私很好吗？挥霍浪费也是美德吗？曼德维尔的言论导致了激烈而长久的争论。

在西方近代思想史上，曼德维尔是一位少有的颇具争议的思想家。其声名狼藉和知名度，都和他的《蜜蜂的寓言》有关。该书 18 世纪初在英国出版后，就曾引起过轩然大波，并招致了欧洲思想界和社会各界对它的批判，曼德维尔本人也遭到了许多人身攻击，被称为“品行极坏的人”。1723 年，当《蜜蜂的寓言》出第三版时，英国一个郡的地方法院还专门为此书立案，判定此书是“在扰乱社会秩序”，是一种“公害”。英国学者克拉布·鲁滨孙曾说，曼德维尔的《蜜蜂的寓言》是一部“用英国语言写出的最邪恶、最聪明的书”。尽管如此，这部书在西方经济思想史上的影响却经久不衰。

寓言故事中蜜蜂的自私自利品质启发了曼德维尔对社会和经济的思考。《蜜蜂的寓言》一书道出了西方思想史上著名的“曼德维尔悖论”——私人恶德即公共利益。人类是自私自利的，但正是这种自私自利的品质，才构成了现代社会发展的基础。各人竭尽所能，谋求自己的幸福，最终促成的才是全社会的幸福。因此，自由竞争就是市场的基本原则，个人的自由发展应该像蜜蜂一样，可以自由地飞来飞去，不受约束。只有这样，私人的利益才能得到适当的平衡。

曼德维尔借助《蜜蜂的寓言》向我们揭示了一个新的私利公益观。私利与公益在很多人眼里是两种本质上不同的东西，甚至认为私利与公益是截然对立的。在社会生活中，人们往往习惯于从道德角度来看待私利与公益问题，并想当然地认为私利就是满足个人的私欲，因此是不好的，甚至是恶的，而只有公益才是有价值的、良善的，这种道德主义的判断充斥着人们的思想意识。而曼德维尔认为人们的私利常伴随有公益的成果，人们所做的某些出于私心和自利的事情，虽然动机难说良善，然而其结果却是无可指责的，因为它们也能够导致社会的公益。个人追求自身利益的行为可能会推进整个社会的福利。在曼德维尔看来，人类就像蜜蜂一样，为了贪婪和私欲忙碌，但正是这种贪婪和私欲，才繁荣了经济，促进了人类文明的发展。如果让每个人去合理地追求他自身的利益，那将会增加整个社会的财富，促进社会的繁荣。

曼德维尔在书中提出"个人劣行即公共福利"的思想，他认为奢侈浪费对个人来说是劣行，但对国家来说是好事。蜜蜂的故事说的是"节俭的逻辑"，在经济学上叫"节俭悖论"。"节俭悖论"曾经使许多经济学家备感困惑，如何解读这个悖论呢？众所周知，节俭是一种美德，从理论上讲，节俭是个人积累财富最常用的方式。某个家庭做到勤俭持家，减少浪费，增加储蓄，往往可以致富。同样的方法，对一个国家来讲行不行呢？或者说人人都非常节俭，国家会不会越来越富有，越来越繁荣呢？曼德维尔认为事实恰恰相反。因为如果人人都增加储蓄，减少消费，就会导致生产下降、商业衰落、失业增加。假如人人都不花钱，最终人人都将没有工作、没有收入。所以节俭对于经济增长并没有什么好处。

这里蕴涵着一个矛盾：公众节俭，降低消费，增加储蓄，往往会导致社会收入的减少。因为在既定的收入中，消费与储蓄呈现反方向变动，即消费增加储蓄就会减少，消费减少储蓄就会增加。所以，储蓄与国民生产收入呈现反方向变动，储蓄增加国民生产收入就减少，储蓄减少国民生产收入就增加。根据这种观点，增加消费减少储蓄就会促进经济繁荣；反之，就会导致经济萧条。由此可以得出这样一个结论：节制消费增加储蓄会增加个人财富，对个人是件好事，但由于会减少国民生产收入引起经济萧条，对国民经济却是件坏事。

"节俭悖论"使许多经济学家接受了反储蓄的观点，特别是在经济滑坡、商家和消费者变得悲观时。在经济学中一加一不一定等于二，也就是说，对单独个人有益的事情不一定对社会有益。"节俭悖论"告诉我们：节俭减少了支出，迫使厂家削减产量，解雇工人，从而减少了人们的收入，最终减少了个人的储蓄。储蓄为个人致富铺平了道路，然而如果整个国家加大储蓄，将使整个社会陷入萧条和贫困。20 世纪 30 年代，西方国家发生了全球性的经济危机，1931 年 1 月英国经济学家凯恩斯在广播中断言，节俭将促成贫困的“恶性循环”，他还说“如果你们储蓄五先令，将会使一个人失业一天”。凯恩斯的解释后来发展成为“凯恩斯定理”，即需求会创造自己的供给，一个国家在一定条件下，可以通过刺激消费、拉动总需求来达到促进经济发展和提高国民收入的目的。

“节俭悖论”的存在，是有它的社会经济发展的特定条件的，并不是说任何时候都如此。全球的资源是有限的，甚至是稀缺的，如果鼓励过度的消费，人类的未来就会处于一个环境恶劣、社会动荡的局面中，关键是一个度的把握问题。“节俭悖论”并不是要求我们选择一种奢侈的生活方式，我国是一个人口众多的国家，自然资源尤其是能源非常紧缺，这已经成为制约我国未来经济发展的主要因素之一，所以我们倡导的理性选择是“有选择的节俭”，而不是一味的、不分场合的节俭。

撰写/王　雄

22 货币数量的多少与国家贫富无关

——自由贸易的歌颂者大卫·休谟

据说哲学家休谟晚年时，想起自己的学生就有些不放心。终于有一天，他把学生们召集起来上最后一课。休谟问大家："我们现在坐在什么地方？""坐在旷野里。"学生们回答。

休谟又问："旷野里长着什么？"学生们说："杂草。"

"告诉我，你们怎样才能除掉这些杂草？"

学生们没想到一直在探讨人生和世界奥妙的大哲学家，最后一课竟然问这么简单的问题。于是有的学生说用铲子除，有的说用火烧，有的说在杂草中撒上石灰，等等。

等学生们讲完，哲学家站了起来，微笑着说："课就上到这里了，你们回去后，按照各自的方法除一片杂草。一年后，再来相聚。"

一年后，当学生们来到去年上课的地方时，那里已不再杂草丛生，而是成了庄稼地。休谟呢？哲学家已经去世了。休谟在给学生们留下的一本书中写道："要想除掉旷野里的杂草，方法只有一种，那就是在上面种上庄稼。同样，要想让灵魂无纷扰，唯一的方法就是用美德去占据它。"在这里，休谟想告诉学生的是，尽管用其他方法也能够除掉

> 杂草，但都不可能是长久和有效的，只有在荒地里种上庄稼，才能让杂草无生存之地，达到永久除草的目的；同样，要使自己有所作为，就要培养正直果敢、健康向上的精神品质，用积极的战胜消极的，用健康的取代颓废的，用正直的驱除邪恶的。

大卫·休谟（1711—1776）不仅是一位杰出的哲学家，还是一位出色的法学家、历史学家和经济学家。他出生在苏格兰的首府爱丁堡，父亲是一位律师。他年仅12岁时就被家人送到爱丁堡大学就读，15岁时离开，没有获得学位。后来，作为一位哲学家，他因怀疑论和非正统思想，曾两次被爱丁堡大学拒绝其成为该校的教授。在那个时代，休谟的观点虽然温和，却依然被看成是叛逆。比他小12岁的经济学大师亚当·斯密曾因在房间里放了一本他的《人性论》而险些被牛津大学开除。

休谟对经济学领域的许多贡献都写在《政治论丛》一书中，当时，经济学与政治学的分界还不够明显，因此，这一时期的经济学常被人们称为古典政治经济学。休谟的贡献主要包括三方面：私人财产、货币数量以及国际贸易的理论。

私人财产是什么？很多人从来没有考虑过。人们常常对自然现象很有兴趣，却忽略了社会现象中的很多有趣问题。过去，中国人普遍贫穷，几乎都是无产者。经过30多年的改革开放，经济的发展使很多人的财富大大增加，私人财产开始得到人们的重视。要理解私人财产这个概念首先要理解什么是“私人”？

“私人”是与国家、政府、社会群体相对应的主体，不但包括我国的公民，也包括在我国合法取得财产的外国人和无国籍人。我国《民法通则》第七十五条第一款规定：“公民的个人财产，包括公民的合法收入、房屋、储蓄、生活用品、文物、图书资料、林木、牲畜和法律允许公民所有的生产资料以及其他合法财产。”经济学史上，不同学者对私有财产有各种研究和论述。

英国政治学家约翰·洛克有一段很形象的阐述，这段阐述基于这样一个问题：属于自然的果实（如苹果）为什么会变成私人的财产？对此，他是这样论述的：谁把橡树下拾得的橡实或树林的树上摘下的苹果果腹时，谁就实实在在地把它们拨归自己所用。因此我要问，这些东西是从什么时候开始属于他的呢？是在他捡取它们的时候，还是在他吃的时候？是他煮的时候，还是他把它们带回家的时候呢？很明显，如果最初的采摘不使它们成为他的东西，其他的情形就更不可能了。劳动使它们同公共的东西有所区别，劳动在万物之母的自然所已完成的作业上面加上一些东西，这样，它们就成为他的私有的权利了。谁会说，因为他不曾得到全人类的同意使橡实或苹果成为他的所有物，他就对于这种拨归私用的东西不享有权利呢？我们在以合约保持的共有关系中看到，那是从共有的东西中取出任何一部分并使它脱离自然所安置的状态，才开始有财产权利的；若不是这样，共有的东西就毫无用处了。而取出这一或那一部分，并不取决于一切共有人的明白同意。我的劳动使它们脱离原来所处的共同状态，确定了我对于它们的财产权。

与洛克不同的是，休谟对私人财产的看法从另一个角度开始。他认为，在人的自然性情中，自私是最重要的一种，即“利己是本心”，人们都想占有更多的财产。但是，这个世界的财富是稀少的、匮乏的，它不能满足人们的无限欲望。假如所有产品都是毫无限制而且唾手可得的，那么私人财产便显得毫无意义，你的是我的，我的也是你的，私有财产只会成为一种“虚假的形式”。休谟相信财产的不均衡分配有好处，因为完全的财富平等将会摧毁节俭的概念和产业的发展，最终将导致贫困。但是，也必须确立一个原则：追求私利不能损害公共利益。这些探索对后来的经济学发展非常有益。

休谟的另一个贡献是关于货币数量的理论。大多数人以为，一个国家的货币越多就越富裕。当时流行的是重商主义经济学理论。这种理论强调尽可能让国家拥有更多的货币，最好通过大量出口，使货币流进而不流出。可是，休谟却通过他的思考向人们展示了另一个结论。

休谟指出，“货币数量的多少与国家贫富无关”“一切东西的价格取决于商品与货币之间的比例”，很显然，商品增加，价格就会便宜。反过来，货币增加，商品价格就会提高。因此，如果国家拥有很多货币，本国的商品价格就会增加，相应地就会有更多的商人把国外的商品运进本国，进口肯定会增加。为了支付进口商品，货币就会向国外流出，结果导致的必然是贫困和破产。这就是著名的“物价—货币流动机制理论”，这个理论直接反驳了当时的重商主义理论。简单而言，当一个国家因贸易顺差而累积了大量黄金时，这些黄金会引发物价上涨，而通货膨胀则会迫使这个国家减少出口而增加进口；相反，那些之前累积了贸易逆差的国家也会开始减少进口而增加出口。长期下来这样的机制会阻止一个国家不断地累积黄金。

休谟相信贸易是一种刺激国家经济发展的途径。他并不认为世界贸易的总容量是固定的，因为国与国之间可以互相贸易并依赖彼此的财富发展经济，形成一个“繁荣的共同体”。就算一国在出口数量上占了下风也不要紧，因为长期下来并没有国家可以一直维持自己在贸易上的领导地位。因此，他建议国家应该保证货币的相对平衡，不要盲目推行高关税政策，应当鼓励自由贸易。

两百多年后的今天，我们依然能够看到休谟思想的光芒。当然，他的理论也有不足，即拥有更多货币的富裕国家可以聚集资本和人才优势，这是贫困国家很难做到的。尽管如此，他对国际贸易的思考启发了更多的经济学家跳出重商主义理论的桎梏。

撰写/方云华

23 探求国民财富的奥秘

——撰写西方经济学“圣经”的亚当·斯密

2007年3月13日，英格兰银行发行的新版20英镑纸币开始正式流通。由于“对人们理解社会和社会进步做出的贡献”，18世纪英国著名政治经济学家、现代西方经济学鼻祖——亚当·斯密取代英格兰作曲家爱德华·埃尔加，成为20英镑新钞的背面头像图案（正面仍为英国女王伊丽莎白二世）。虽然亚当·斯密的侧身素描头像图案在苏格兰的50英镑纸币上已经出现了一段时间，但这是首次有苏格兰人的肖像出现在英格兰纸币上。

新版20英镑纸币上，亚当·斯密头像旁边绘制了工业革命时代的典型工厂，并书写着他关于劳动力划分理论的简述——“分工是制造业的必然产物”。亚当·斯密以别针工厂为例，说明分工可以使效率大幅度提高。他指出：一个工人在没有受过业务训练并且不熟悉机器操作的情况下，一天或许一枚别针也造不出来，最多也不会超过20枚别针。而将整个工作分成若干工序，安排不同人负责其中一个工序，效率则会提高许多。具体做法就是按整个制作业务分成抽丝、拉直、切断、削尖、打磨、安装针帽、刷白、包装等18道不同工序，一个人负责其中一项或者两三项工作，这样可以将一天的产量提高到每人4800枚。

英国能成为世界上第一个工业化国家，离不开三个人——牛顿、瓦特和亚当·斯密。而亚当·斯密发现的自由主义经济模式深深影响了英国社会。英格兰银行行长默文·金说：“亚当·斯密洞悉人性，深刻理解社会构成、劳动力划分以及社会分工，在经济学家心中是一位伟大的先驱。”

亚当·斯密1723年诞生于英国苏格兰卡柯尔迪的一个小渔村里。斯密出生前几个月，身为律师兼海关官吏的父亲就去世了。母亲是大地主的女儿，一直活到90岁。斯密童年体弱多病，又无兄弟姐妹，他和母亲相依为命，一生未曾娶妻。在长达60年的岁月中，斯密对母亲非常孝顺，报答了她的养育之恩。

斯密的启蒙教育是在卡柯尔迪市立学校完成的，这所学校在相当有名望的戴维·米勒的领导下，造就了一批卓越人才。斯密14岁的时候进入格拉斯哥大学，17岁获得硕士学位，并被推荐去牛津大学巴利奥尔学院学习。1746年毕业，他先在爱丁堡大学任讲师，后任格拉斯哥大学逻辑学教授。1752年改任道德哲学教授，讲授的道德哲学内容包括自然哲学、伦理学、法学、政治学，他因高超的教学水平和思辨智慧而远近闻名。1758年到1763年，斯密兼任格拉斯哥大学财务主管、教务长、副校长等职务，1762年被授予格拉斯哥大学博士学位。1759年，他完成了一生中两本巨著中的第一本——《道德情操论》，这本书斯密后来多次修订，为的是更好地说明个人怎样控制自己的情感和行为，尤其是自私的感情和行为，以及怎样建立一个有行为准则的社会。

1764年初，斯密辞去教职，担任布克莱西公爵的私人教师，年薪300英镑加旅费再加此后一年300英镑津贴，条件优厚。当年，他陪着年轻的公爵从英伦三岛出发去欧洲旅游，当他踏上欧洲大陆时，发现欧洲大陆的发展令他吃惊，他游历了法国、德国，结识了很多研究经济学的学者，拜访了重商学派、重农学派的代表人物。两年半后的1767年，他带着丰厚的报酬回到英国，10年间闭门谢客写作，并思考引导这个社会转动的力量。

1776 年 3 月，他出版了《国民财富性质和原因的研究》，这就是著名的《国富论》，被称为西方经济学的“圣经”。在这本书里，亚当·斯密认为，虽然在一些场合，人们会有利他主义行为，但就其本性而言，则是利己的，即每个人在做事时，没有人想到社会利益，大家都从自己的个人利益出发决定自己的经济行为，没人指挥，没人干预，像一只“看不见的手”。而当每个人都是这样想、这样做的时候，其实整个社会将会和谐有效率地正常运行，社会利益也就可以最大化。

《国富论》里，亚当·斯密在否定重农主义和批判重商主义的基础上，说明了分工和贸易如何增加国民财富，并界定了君主或国家的职责和收入来源。全书分为五篇：第一篇讨论的是劳动生产力改良的原因，以及产品在不同阶层之间自然分配的顺序；第二篇讨论的是资产的分类、性质、储蓄和使用；第三篇以罗马帝国衰落之后，欧洲农业发展所受的制约及农村的衰落和商业城市兴起的实际为例，探讨了财富增长的不同路径；第四篇则在此基础上，从当时最受推崇的重商主义开始，论述了重商主义和重农主义两种政治经济体系的后果；第五篇则讨论君主或国家的开支方向和收入来源。亚当·斯密在论述所有问题时，都有一个基本的前提，这个前提总是被他或隐或显的提及：在经济生活中，每个人都追求自己的利益，经济的出发点是利己心。

亚当·斯密说，商业行为的目的是出于人们的利益追求，如果人人追求私利，相互仇视，社会就会崩溃。但是，我们可以通过合作的方式来满足彼此的利益，从而找到共同获得利益的路径，达到双赢，而不是打得你死我活。通过他的理论，原本被认为是尔虞我诈、你死我活的商业行为开始进入了文明阶段。

在《国富论》中，斯密主张国家不要干预经济，要让经济自由发展，让价格机制自发地起作用。每个人都会自觉地按照价格机制，根据自己的利益去做事，这样社会就会发展。因此，他在书的扉页上写着：献给女王陛下的一本书！他说：女王陛下，请您不要干预国家经济，回家去吧！国家做什么呢？就做一个守夜人，当夜晚来临的时候就去敲钟，入夜了看看有没有偷盗行为，这就是国家的任务。只要国家不干预经济，经济自然就会发展起来。

亚当·斯密提出了价格像“看不见的手”，自发调节经济就会使私人利益和社会利益一致的理论。他指出，人类几乎随时随地都需要同胞的协助，要想仅仅依赖他人的恩惠，那是肯定不行的。一个人如果能够刺激他人的利己心，使有利于自己，并告诉他们，为他做事，是对他们自己有利的，他要达到目的就容易多了……我们今天所需的食物和饮料，不是出自屠户、酿酒师或面包师的恩惠，而是由于他们自利的打算。斯密提出了市场经济最基本的思想，他的“看不见的手”的理论被认为是“经济学皇冠上的宝石”，至今仍是至理名言，诺贝尔经济学奖获得者、美国经济学家弗里德曼曾评价“看不见的手”时说，市场经济超越所有君王和政府，如同上帝一般无法管制和驾驭，故地球上最强大的“有形之手”也对其退避三舍。

《国富论》是一部伟大的著作，亚当·斯密把人的自利心与公利心做了和谐的统一，让我们知道了自利与公利并不是彼此矛盾的，而是相辅相成的，有利于整体社会的进步与发展。社会自然有一只“看不见的手”来引导着人们做出有利于社会与个人的最佳选择，任何政府与个人都无法代替这只“看不见的手”的作用。

自亚当·斯密以来，经济学有了突飞猛进的发展，以致他的一些思想已被搁置一边，因而人们容易低估他的重要性。但实际上，他是使经济学说成为一门系统科学的主要创立者，他创建了政治经济学的科学体系，是人类思想史上的重要人物。

撰写/徐渭清

24 拥有土地为何就拥有财富

——地租理论的创立者大卫·李嘉图

近代西方经济学刚刚诞生的时候，几乎所有的经济学家包括英国的亚当·斯密都是业余经济学家。那个时候，大学里面没有经济系，政府也没有开办经济研究和顾问机构，要搞经济学研究，就得自己先给自己找到饭碗。自己解决了生活问题，才能谈得上研究经济学。英国古典经济学家大卫·李嘉图是一个典范，他也许是有史以来最富裕的经济学家。

大卫·李嘉图的父亲是个富裕的证券经纪人，所以，尽管大卫·李嘉图并没有正儿八经地上过什么学，但他的父亲却有钱给他请任何他喜欢的家庭教师来讲课。他12岁的时候，就曾被父亲送到荷兰留学，那时候的荷兰是全球商业最发达的地区。两年后，李嘉图回到英国，开始“下海”，跟父亲经商。

如果是这样一路下去，英国不过又多了个天才的证券经纪人而已。然而，大卫·李嘉图却爱上了一个跟自己家族的宗教信仰不同的姑娘。父亲坚决不同意这门亲事，年轻气盛的李嘉图跟父亲闹翻了。他21岁那年，父亲将他赶出了家门。

大卫·李嘉图只好自谋生路，此时他已经在证券交易界摸爬滚打了7年，所以，他已经有了自己的朋友圈子，在这些朋友的帮助下，他的事业很快就走上了正轨。短短几年时间，他就发了财。据说，在他去世时，他的资产大约价值70万英镑（如果折合成现在的货币，可能价值数千万美元），他的一个得意之作是在滑铁卢战役前4天，成功地买进大量政府债券，结果英军打败拿破仑后，他大赚了一笔。

至此，仅仅发财致富已经不能让李嘉图看到人生的意义了，于是，他开始了在金融领域的研究。27岁那年，他偶然读到了亚当·斯密的《国富论》，对政治经济学产生了兴趣。不过，与其说是他选择了政治经济学，不如说是政治经济学选择了他。当时英国宣布铸币条例，发行金币，规定了含金量，英国开始真正实行金币本位制。英镑正在经历剧烈波动，年轻的金融家李嘉图不能不思考货币问题。从维护工业资产阶级利益出发，他认为政府要建立一个稳定币值的货币制度。他在《晨报》上匿名发表了《黄金价格》一文，引起了所谓的"金价论战"。

1815年，英国议会通过了修订的限制外国粮食进口的保护贸易政策——《谷物法》。《谷物法》提高了国内粮价，使地租增加，给土地所有者带来利益。粮价提高使工人工资上涨，又限制了利润的增长。因此，《谷物法》的存废成为资产阶级和地主阶级斗争的一个突出问题。李嘉图对《谷物法》提出了尖锐的批评，与代表地主贵族利益的经济学家马尔萨斯进行了激烈论战。这场辩论持续多年，直到1846年英国政府才废除了《谷物法》。

在有关《谷物法》存废的论战中，李嘉图发表了《论低价谷物对资本利润的影响》一文，要求允许谷物自由贸易，进口低价谷物，以降低工资，增加利润，促进资本主义的发展。这篇文章的发表引起了一定的社会反响。参加社会经济问题的辩论促进了李嘉图对政治经济学理论的研究和写作。1817年，他的代表作

《政治经济学及赋税原理》问世，他也因此成为当时英国最著名的经济学家。

《政治经济学及赋税原理》的出版标志着英国古典经济学的建立，并逐渐形成了李嘉图学派。他的主要贡献是为价值学说和分配学说奠定了基础。在他的著作中最突出的就是地租理论和比较成本贸易理论。地租理论是他的整个理论体系中十分出色的部分，他坚持以劳动价值论为基础，研究地租的起源、地租的定义、地租存在的原因以及地租的产生。

李嘉图将劳动价值论作为理论基础，着重研究了级差地租的问题。级差地租指优质土地租金超过劣质土地租金的部分。他认为级差地租有两种形态：第一种形态是由于土地肥沃程度和位置远近的不同而产生的地租。他认为，最初人们总是先去耕种那些离自己比较近，而且又很肥沃的土地。随着人口的增长，对农产品的需求会越来越多，这时人们就要去耕种次等地。当优等地、次等地还不能满足需要时，人们就会去耕种劣等地。显然，在不同的土地上，如果投入等量的劳动，农产品的产量肯定会存在差异，而对农产品的需要必须保证耕种每种土地的人都能获得平均利润率。这样，当人们开始去耕种次等地时，优等地高出次等地的产出就是一种超额利润，这个超额利润就会转化为地租。

地租的第二种形态是由土地报酬递减所带来的。也就是说，当在同一块土地上连续追加投入同样的资本和劳动时，它的产出是在逐渐下降的。这样即使大家都耕种优等地，产出水平也是有区别的。土地报酬的递减实际上意味着生产成本的提高。由于社会对农产品的需要，农产品的产量不能减少，这样农产品的价格就必定要上涨，这时，同样是耕种优等地，产出水平高的就可以获得超额利润，这部分超额利润也要转化为地租。

李嘉图的地租理论成了当时实行自由贸易、要求废除《谷物法》的有力武器。因为他的理论里有这样一个观点：人口与农产品需求的增加，会造成农产品价格上涨，这一方面让地租不断提高；另外一方面让工人工资提高，从而造成利润减少。这就说明了地租与利润之间的冲突。

李嘉图发展了亚当·斯密的国际分工与自由贸易学说，提出了独创性的国际贸易学说，分析论证了自由贸易对提高利润率的作用，后人将这一理论叫做比较成本学说。李嘉图的理论可以用一个简单的例子来说明：在一个家庭里，家庭主妇能比保姆更好地教育和抚养自己的子女，但由于她外出工作每小时的工资是 10 元，而保姆每小时的工资是 1 元，那么，经济上最合理的安排是：家庭主妇外出工作，获得每小时 10 元的工资，用其中的 1 元给保姆，这样，这个家庭可以获得9 元的剩余。尽管家庭主妇在教育子女和外出打工两方面都胜过保姆，但是她外出工作是相对效益最大的，这就是她的比较优势。

同理，对于两个国家而言，每一个国家都应该专注于生产自己生产效率最高的产品。李嘉图认为，在商业完全自由的制度下，本国质量最好的产品的成本未必比进口其他国家同类产品的成本低，只要本国产品和别国产品相比成本相对低，便可以进行国际交换，这样，双方都可以获得较多的利益。所以，按照比较成本学说，英国的工业最发达，它发展工业的比较成本最低，就应该发展工业，而别的农业国家只能发展农业，为英国等工业国家提供食物、原料以及工业品销售市场。该学说具有一定的经济合理性，同时也反映了英国有必要进行对外贸易扩张。

《政治经济学及赋税原理》是李嘉图最成功的作品，它的重要性与影响可以和亚当·斯密的《国富论》相提并论。李嘉图高度推崇自由贸易，他大力倡导增加资本积累，促进经济发展，并坚信资本主义经济具有自我调节功能，预言资本主义不会发生普遍的经济危机。李嘉图的理论对现代西方经济学的发展产生了深远的影响。

撰写/曹　伟

25 反对救济贫民的学者

——争议极大的人口经济学家马尔萨斯

两百多年前，有一位叫托马斯·罗伯特·马尔萨斯的英国人讲了这样一个非常有名的寓言故事——龟兔赛跑。

兔子向动物们夸耀它的速度说：“我从来没有失败过，当我奔跑时，没有人比我跑得更快。”

乌龟平静地说：“我要与你比赛。”

“真是笑话，我可以边玩边和你赛跑。”兔子说。

比赛开始了，一眨眼工夫，兔子已经跑得不见了踪影，但是它觉得自己跑得快，对比赛掉以轻心，就躺在路边睡大觉。乌龟虽然慢腾腾地爬行，却持续不停地爬，当兔子一觉醒来，看到乌龟已经快到终点线了。最终，兔子输了比赛。

马尔萨斯引用了这个寓言故事来做比喻，他认为人类社会食物增长的速度就像乌龟爬行一样缓慢，而人口增长的速度像兔子一样迅速。正常情况下，乌龟很难跑过兔子，人类食物供应增加的速度也很难赶上人口增加的速度，最后会导致严重的社会问题，比如贫困、饥饿、动乱等等。只有在兔子乖乖睡觉的时候，乌龟才能赶上它。

马尔萨斯是谁？他的理论主张能解决龟兔赛跑的难题吗？

马尔萨斯（1766—1834）是英国著名人口学家、经济学家、现代人口学的奠基人。1766 年，马尔萨斯出生在一个有些名望的英国贵族家庭，家族中有人曾担任过皇家医生、军官和牧师。他从小就享受着优越的生活条件，并受到了良好的教育。马尔萨斯学习刻苦，是剑桥大学的优秀学生。

马尔萨斯生活的年代，英国社会正经历着剧变。在 18 世纪末，英国历史上著名的圈地运动达到高潮。大量农民被赶出家园，农民的土地变成了牧场，用来养羊，地主可获得高额地租，牧场主则通过出售羊毛获利。丧失土地的农民急剧增加，他们过着凄惨的生活，英国出现了所谓的“人口过剩”现象。同时，另一场更深刻的“革命”也来临了，那就是工业革命。机器生产逐渐取代了手工生产，但随之而来的是工人的反抗运动，工人掀起了大规模的“捣毁机器运动”。这两场运动激化了英国的社会矛盾，反抗运动遍及英国各地，失业和贫困成为英国严重的社会问题。

与此同时，一场同样声势浩大的运动在欧洲大陆进行着——法国发生了革命。法国大革命的烈火使得英国群众反对失业和贫困的斗争日趋激烈。

在这种背景下，马尔萨斯于 1798 年匿名发表了《人口原理》，目的是反对法国人民的革命，反对人民要求进行社会改革的呼声。马尔萨斯也因此成名，《人口原理》发表不到一个月，他就受到了当时英国首相小威廉·庇特的接见。到 1872 年，该书共发行了七版。

马尔萨斯认为，由于人类的性本能决定了人口必然不断增加，这种增加是呈几何级数增长的，即按 1、2、4、8、16、32、64、128、256、512 这样的比率增加。人类的生存离不开食物，但由于土地是有限的，食物的增加只能以算术级数增长，即按 1、2、3、4、5、6、7、8、9、10 这样的比率增加。在正常情况下，乌龟（食物增长）很难跑过兔子（人口增长），人类食物供应增长的速度也很难赶上人口增长的速度，最后会导致严重的社会问题，比如贫困、饥饿、动乱等等。因此，失业和贫困问题与社会制度没有关系，这是人口增长规律的必然结果。马尔萨斯极力反对当时英国实行的济贫法，他认为对贫困人口的援助，将改善他们的生活水平，他们也要结婚，生育子女，势必导致人口数量进一步增加。但是粮食的增加总是有限度的，结果不仅不能解决贫困问题，反而会带来新的贫困问题，最终会导致整个社会秩序的大混乱。按照马尔萨斯的理论，穷人是不配生孩子的。

马尔萨斯认为，只有在兔子乖乖睡觉的时候，乌龟才能赶上它。只有抑制人口增长速度，二者才能保持平衡，不出问题。在抑制人口增长的方法上，马尔萨斯提出两种方法，一是积极抑制，二是道德抑制。马尔萨斯的“积极抑制”，主要是通过贫困、罪恶、饥饿、瘟疫、灾荒、战争等方法来抑制人口的增长。这也是马尔萨斯长期遭到批判的重要原因。所谓“道德抑制”，是指通过晚婚、不结婚、不生育等办法来控制人口的增加。他认为，如果每个人想生多少孩子就生多少孩子，结果肯定是贫困。“道德抑制”需要人类的理性才能办到。

在马尔萨斯看来，这两种方法在不同历史时期起到的作用是不同的。古代社会，由于生产力发展低下，经济文化落后，人类缺少理性，“积极抑制”起着主要作用；而到了近代社会，社会生产力有很大提高，人类的行为也变得比较理性，“道德抑制”逐渐起着主要作用。也就是说，马尔萨斯认为控制人口数量的较好办法是“道德抑制”。

《人口原理》的发表使马尔萨斯获得了意想不到的“荣誉”，他也为自己出乎意料的成功感到万分的惊奇。1805 年他被聘为海利伯利东印度公司学院历史和政治经济学教授，他在余生中一直担任此职。马尔萨斯晚年享有很多荣誉，直到 1834 年他在美国去世，终年 68 岁。

马尔萨斯首次强调人口过剩问题的重要性，成为现代人口学的奠基人。该理论问世以来，引起了激烈的争论，《人口原理》被誉为“有出版以来社会科学领域争议最多的一部著作”。

这本书产生了深远的影响，影响了一代又一代的社会学家、政治家，甚至还影响了生物学的发展。达尔文说他读过《人口原理》，该书为他的进化论提供了一个重要的环节。20 世纪 50 年代，我国著名经济学家、当时北京大学校长马寅初在批判马尔萨斯人口理论的基础上，提出《新人口论》。马寅初认为“人口太多就是我们的致命伤”，应该实行计划生育。建议国家要制定人口政策；要节制生育，控制人口增长；要提倡晚婚、晚育、避孕、实行计划生育；政府要有具体措施干涉生育等。

目前，世界人口总数近 70 亿，其中只有不到 13 亿人生活在较发达地区。据《2010 年世界人口状况报告》预测，到 2050 年，世界人口将超过 90 亿，将会有更多的人生活在贫困状态。马尔萨斯的忧虑似乎又有了新的历史注解，他的人口理论也再次受到世人的关注。1985 年，在法国巴黎召开的联合国人口统计学大会上，来自全球 60 多个国家的 300 多名代表，以 99．8% 的赞成票，通过了再版马尔萨斯的《人口原理》决议。马尔萨斯的人口理论在两百多年以后，在全球“人口爆炸”的当今世界似乎又焕发了新的青春。

撰写/王　雄

26 促进财富增长：是生产还是消费

——“萨伊定律”的提出

星期天，丽丽和妈妈去超市买一些食品。刚进超市，就看到很多人围在护肤品专柜那里买促销的护肤霜。丽丽挤进去也买了两瓶。妈妈问：“家里不是有吗?”“是新款，既保湿又能祛痘，而且很便宜的。”丽丽答道。“乱花钱，又不在我们的计划中。”“好了，才50块钱，妈妈别唠叨了，我们去买别的东西吧!”

上了三楼食品部，母女俩买了一些蔬菜、调味品和苹果。丽丽看到水果摊边有一盒盒黄色的水果，牌子上写的是“菠萝蜜”，“哇塞！长成这个样子，又有好听的名字，一定是很好吃的水果。”丽丽自言自语。“别馋！又不知道是什么东西，买回来要是不好吃怎么办?”妈妈及时提醒。“妈，尝尝才知道好不好吃!”丽丽花了10块钱买了一盒……

这一次去超市，原本准备花七八十元，结果花了两百多元，除了上面提到的护肤霜、菠萝蜜，还有很多没见过的、计划之外的东西。妈妈最后说：“怪不得叫超市，就是因为像你这样的人都在这里超预算消费……”

“超预算消费”虽然是一句玩笑话，但是却涉及一个经济学的重要问题，即经济发展是由于需求产生供给，还是由于供给产生了需求?

如果要投资建一家工厂，任何人首先考虑的是其产品能否有足够的市场需求。如果市场需求很大，投资就可能有丰厚的回报，但是，如果需求很有限，投资就可能打了水漂。可是，有一些工厂敢于创新，生产了市场上没有的新产品，这就创造了新的需求。就像前面案例中丽丽看到的护肤霜，原本她的购买计划里没有这个商品，但看到了新款她就动了心，产生了购买需求。其实，很多人到了超市大多会看到一些意想不到的东西，等走出超市时，才发现原来的购物计划被打乱了。这样看起来是供给产生了需求，这与传统理论正好相反。萨伊正是最早阐明这个观点的经济学家。

巴·萨伊（1767—1832）生于法国里昂。1776 年，他接受了启蒙教育，老师是一个从意大利来的新教徒。由于天主教的压迫，不到一年他即辍学，举家迁往巴黎。他在父亲开设的银行里当学徒。1786 年，萨伊到英国学习，亲眼目睹了英国工业革命蓬勃发展的进程。后来，他回到法国。1787 年，加入法国人寿保险公司，从一个董事那里首次接触到《国富论》。同时，他开始写作，发表文学作品。1789 年，法国大革命爆发，萨伊欢欣鼓舞。1792 年，他甚至投笔从戎，参加由学者和文艺界人士组成的“学艺中队”，参与抵抗反法联军的激战。可当激进的雅各宾派上台后，他退出了革命，成为反对派中的一员。1794 年，他开始担任《哲学、文艺和政治》旬刊主编，任该职达 6 年之久。他撰写文章抨击当时法国国民大会的活动，得到拿破仑的赏识，曾被派到政府财政委员会工作。1799 年，萨伊被拿破仑任命为法兰西法制委员会委员，工作职责是审查以“第一总督”名义提出的议案，揭露政府的违宪行为。这些丰富而特殊的经历使他对经济发展中不同层面的问题有了独特的认识。

1803 年，他的代表作《政治经济学概论》出版。这部著作因反对拿破仑的经济政策，曾被禁止重印，萨伊也因此被解除了政府职务。1805 年，他转而从事工商业活动——开办新型纺纱厂。拿破仑失败，波旁王朝复辟以后，他才被聘为教授，讲授政治经济学。1814 年，《政治经济学概论》得以再版。1828—1839 年间，萨伊又把他的讲稿编成了六卷本的《政治经济学教科书》。

萨伊的观点与亚当·斯密的劳动价值论存在着巨大的分歧。萨伊把效用看做价值的基础，他认为生产不是创造物质，而是创造效用。他又推论出仅仅靠人类的劳动并不能创造效用，资本的生产力和自然的生产力都应当考虑，这两个因素是不可缺少的。因此，生产出来的价值是劳动、资本和自然力这三者的作用和协力的结果。此外，没有其他因素能生产价值或能扩大人类的财富。按照萨伊效用价值论的观点，既然劳动、资本、土地三者共同创造效用，从而共同创造价值，这三者的使用当然要有报酬，它们的报酬分别是工资、利息和地租。不过，萨伊后来又提出了第四种生产要素，那就是企业家精神，他认为这个因素对经济发展十分重要。

著名的“萨伊定律”是萨伊对总体生产过剩问题而分析的。他认为，每个生产者之所以愿意从事生产活动，并不是为了满足自己对该产品的消费欲望，而是为了想将其所生产的物品与他人换取物品或服务。

“如果有一个商人说：‘我不想要其他产品来交换我的毛纺织品，我只想要货币。’那么，我告诉这个商人，‘你说你只想要货币，我说，你想要其他商品而不是货币。事实上，你要货币干什么呢？还不是用来购买你进行贸易所需的各种原材料和设备，或者各种食物？因此，你需要的是产品，而不是货币。’”

为了防止有人进一步反对自己的看法，萨伊做了进一步说明：即使得到货币是为了将它储藏起来，最终的目的还是用它来购买某种东西。如果守财奴没有将货币花掉，而是储藏起来，那么，发现这个宝藏的幸运者将会把它花掉。对于货币而言，除了用来购买东西，没有其他用途。

由此，萨伊否定生产过剩的存在，提出了著名的“供给创造自己的需求”的观点，即所谓的“萨伊定律”。萨伊认为商品买卖实质上是商品交换，货币只在刹那间起媒介作用。产品总是用产品来购买，而且一种产品的生产会立刻为其他产品打开销路，比如你要生产棉衣，必定要购买布料、棉花、纽扣等原材料；你如果卖掉棉衣，买棉衣的人必定卖掉了别的东西换取了货币。因此，买者同时也就是卖者，买卖是完全统一的。所以，商品的供给会为自己创造出需求，总供给与总需求必定是相等的。局部供求不一致也会因价格机制的调节而达到均衡。

“供给创造自己的需求”是对“萨伊定律”最常见的表达形式。不过，如果因此误以为所有商品生产以后一定能够销售，就是误会了此定律的意义。同一时期的英国功利主义经济学家詹姆斯·密尔认为：“生产、分配、交换只是手段，谁也不为生产而生产。所有这一切都是中间、中介的活动，目的是消费。”密尔说明了生产者是为求达到消费目的，形成对其他商品的需求才进行生产性的劳动，至于为何创造了“自己的需求”？因为在商品的流通过程中，生产者的生产引起了对其他生产者的商品的需求，整个经济体系也就达到循环，某一数量商品的供给也就带动了对相同数量商品的需求。于是，古典经济学派学者得出了这样的一个结论：生产过剩不可能在流通过程发生。

古典经济学派的另一位代表人物大卫·李嘉图也这样说：“任何人从事生产都是为了消费或销售，销售则是为了购买对他直接有用或是有益于未来生产的某种其他商品。所以一个人从事生产时，他如果不是成为自己产品的消费者，就必然会成为他人产品的购买者和消费者。”

萨伊对其提出的理论曾经给出两个假设前提：第一，在以产品换钱、钱换产品的两个交换过程中，货币只在一瞬间起作用。第二，当交易最后结束时，我们将发觉交易总是以一种货物交换另一种货物。由此可见，“萨伊定律”需要有两个假设前提，在不同的时间点之间，货币的价值是稳定的。货币仅作为交换媒介，在流通过程中一般不涉及对货币无限期的储藏。由此，一个明确的定律开始确立。这一定律当然有它的局限性，在短周期的经济发展中，各种收入的获得者不一定把所得报酬都花在购买现有产品上，这一凸显市场定律的“萨伊定律”在复杂的市场经济中并不总是管用。

“供给创造需求”的思想转变了很多人的经济思考方式，也为后来政府宏观调控的理论的产生提供了重要的基础。

撰写/徐渭清

27 剩余价值理论的意义
——马克思与其巨著《资本论》

1864年，马克思在英国伦敦全身心地创作《资本论》，因为没有经济来源，生活拮据。多亏了亲密战友恩格斯和其他朋友的资助，才能勉强度日。由于每天工作量巨大，吃住又太简陋，他的身体状况日益糟糕。有一天，他不得不去看医生，医生说：“你不能再这样继续从事无节制的脑力劳动了，找个方式，好好休息，缓解紧张情绪，否则后果将不可预料。”马克思无奈地放下工作，好好调养身体。但是，无所事事的日子，他实在难以忍受，变得更加抑郁烦闷。

这年的5月9日，马克思的老朋友威廉·沃尔弗去世，留下遗嘱：将自己一生积攒的600英镑送给马克思。悲伤的马克思接受了遗产，决定不辜负老友的信任，干出一番事业！

这笔钱是存进银行，还是投资生钱？马克思对经济学造诣颇深，他仔细研究了当时英国刚颁布的《股份公司法》，敏锐地意识到英国的股份公司一定会飞速发展，股票市场也会相继繁荣。他决定亲自上阵博一把，既能松弛紧张的情绪，又能体验一下投资股民的生活，赚取更多的生活费。

马克思立即写信给恩格斯，请他帮忙：“假如你能在10天内办妥遗产交接手续的话，我就可以投资股票交易市场——现在伦敦已到了可以凭机智和少量资金赚钱的时候了。”恩格斯收到信以后，用6天时间就为马克思办好了沃尔弗的遗产交接手续，很快将600英镑汇给了他。

马克思此时专心研究股市行情，每天都买份《金融时报》，留心关注每日股票的指数变化。终于，他看准时机，果断地把600英镑分4次购买了不同类别的股票。在股票价格上涨一段时间后，他毫不犹豫地逐一清仓，不到一个月时间，就以600英镑的本金，净赚400英镑的纯利润。这在当时可是一笔不菲的收入，让马克思兴奋不已。

赚钱后的马克思颇为得意，他写信给恩格斯报喜说：“医生不许我从事紧张和长时间的脑力劳动，所以我就做起股票投机生意来了，不过效果还不错，我用那600英镑赚取了400英镑，这下我暂时不用你和朋友们资助了，这段经历，也为我的研究工作提供了有益帮助。”

此后，有朋友劝马克思不妨继续股票投资，马克思说：“老朋友威廉·沃尔弗赠给我的遗产确实是雪中送炭，我也小试牛刀赚了一把，但我觉得适可而止就行了。万一太过沉迷，又不巧赔个血本无归，我对不起威廉，也对不起自己一直在做的研究工作。我时刻清醒地认识到对自己最重要的是什么。”是啊，一个人要不断反问自己，对自己来说最重要的究竟是什么？

《资本论》是马克思用毕生精力所写成的巨著，在将第一卷的手稿交付出版社付印之后，马克思给迈耶尔的信中说：“我一直在坟墓的边缘徘徊，因此，我不得不利用我还能工作的每一个时刻来完成我的著作。为了它，我已经牺牲了我的健康、幸福和家庭。”从1843—1885年，马克思开始了长达40多年的政治经济学的研究，并最终完成了他一生中最重要的著作——《资本论》。马克思在《资本论》的开篇就声明：该书的主题是揭示“资本主义生产方式以及和它相适应的生产关系和交换关系”。

马克思在劳动价值论的基础上揭示出剩余价值的来源，并进一步揭示出资本主义发生、发展和灭亡的规律。马克思对古典政治经济学价值理论进行了批判的继承，肯定了其科学的、合理的内容，批判了其缺陷和不足，并在此基础上创立了劳动价值理论和剩余价值理论。

剩余价值理论是马克思一生中的两大发现之一。这一理论的内容主要包括了剩余价值的生产、剩余价值的实现和剩余价值的分割三部分内容。

一、剩余价值的生产理论认为，以生产资料资本主义所有制为基础的资本主义生产不是一个简单的价值形成过程，而是一个价值增值过程，即超过了一定点的价值形成过程。雇佣工人的一个工作日，劳动时间分为两个组成部分：必要劳动时间和剩余劳动时间。雇佣工人在必要劳动时间内形成的价值等于劳动力自身的价值；在剩余劳动时间内形成的价值，就是剩余价值。劳动所创造的价值和劳动力自身的价值是两个不同的量。资本家组织生产的目的就是为了获得剩余价值。资本家获得剩余价值的基本方法有两种：一是绝对剩余价值的生产，即在必要劳动时间不变的情况下，通过延长工作日的长度来获得更多的剩余价值的方法；二是相对剩余价值的生产，即在工作日长度不变的情况下，由于科技进步、社会劳动生产率提高，必要劳动时间缩短而获得更多的剩余价值的方法。

二、剩余价值的实现理论认为，产业资本在它的一个运动过程中，要依次经过购买、生产、销售三个阶段，分别采取货币资本、生产资本和商品资本三种形式。资本循环要顺利进行下去，其三种形式必须在空间上并存，三种形式之间的转化在时间上必须同时进行。周而复始的资本循环，叫资本周转。商品生产的周期、企业内部管理状况、市场供求状况以及生产资本的构成都是影响资本周转速度的因素。在资本完成一次周转获得的剩余价值量不变的情况下，资本周转速度加快，可以增加一定时期内获得的剩余价值总量。在社会化生产条件下，国民经济的发展要顺利进行下去，要求不同部门之间、生产和消费之间必须保持一定的比例关系。

三、剩余价值的分割理论认为，产业工人创造的剩余价值要在不同的资本家集团之间进行分割。产业资本家获得的企业利润、商业资本家获得的商业利润、借贷资本家获得的利息、银行资本家获得的银行利润以及土地所有者获得的资本主义地租，最终都来自产业工人创造的剩余价值。

马克思的剩余价值理论不仅揭示了资本主义生产关系的实质，也揭示了资本主义生产方式发展的历史趋势，同时还包括了一些反映社会化生产一般规律的内容。剩余价值学说揭露了资本主义剥削的秘密和雇佣劳动制度的本质。马克思通过剖析资本主义的生产过程，科学地阐明了剩余价值就是由雇佣工人的剩余劳动所创造而被资本家无偿占有的超过劳动力价值的价值。这就把剩余价值的真正来源、资本家剥削工人的秘密揭露了出来。这一理论逐渐成为工人阶级反对资本家剥削的理论武器。

撰写/王　雄

经济学的新时代

——阿尔弗雷德·马歇尔与边际效用理论

1941 年 1 月，美国总统富兰克林·罗斯福连任第三届总统后，有一位记者前来采访他，问他有何感想。总统一言不发，只是拿出一块三明治让记者吃，记者接过便吃了。总统又拿出了第二块，记者勉强吃下。没料到，紧接着又来了第三块，记者大倒胃口，赶紧婉言谢绝。这时罗斯福微微一笑："现在你知道我连任三届总统的滋味了吧。"

当总统如此，吃东西如此，赚钱也是如此。吃第一块三明治的边际效用是 2，吃第二块的效用是 0，第三块可能就是 -1 了。一个人占有的财产越多，他从增加的财产上所获取的幸福量越少。而当钱在富人那里的边际效用递减的时候，就需要税收、慈善这样的调节手段，把富人的一部分财富，转移给穷人，富人依然是富人，不会因此而伤筋动骨，但社会福利却由于穷人收入的提高而得到改善，从而实现整个社会的边际效用递增。

边际效用的理论在 20 世纪影响巨大，它的产生却有悠久的历史。17 世纪，英国经济学家尼古拉斯·巴尔本就认为商品的价值是由效用决定的。此后，有多位学者探索了这一理论的不同方面。直到 19 世纪 50 年代，德国经济学家赫尔曼·海因里希·戈森

比较完整地阐释了以消费者心理为基础的效用价值理论。戈森认为，人是理性的，而且总是试图使自己的快乐或者效用最大化。但是，人的欲望和享受之间存在着特殊的联系。

例如，一个苹果、一个玩具和一块面包对于饥饿的人来说，面包的效用要远远大于苹果和玩具的效用。戈森提出两个定律来解释边际效用理论。戈森第一定律：边际效用递减规律。即当你吃第一个面包时，面包的效用最大，比如是3。但是随着吃得越多，效用就会递减。比如吃到第二个时，你已经饱了。这时吃不吃也无所谓了，此时的效用应该是0。可是，再让你吃你就会倒胃口，效用可能为负。当然，人们一般不会去做效用为负的事情。戈森第二定律，边际效用相等规律。当一个饥饿的人面临冰激凌和面包的选择时，他会选择面包，此时面包的效用价值可能是10，而冰激凌只有5。如果吃完第一个面包他还没有饱，他还会继续选择一个面包，这时面包的效用价值依然大于冰激凌，可能是8或者7。这样推演下去，他吃最后一个面包时，可能已经差不多饱了，此时，他可能选择冰激凌。也就是说此时的面包与冰激凌的效用价值相等，甚至冰激凌的价值会超过面包。

戈森认为，人类行为的目的就在于追求最大限度的享乐和避免痛苦。上述两个定律就是人类行为的准则，人的行为必定受它们支配。政治经济学的任务就在于发现这种享乐规律以及按照这个规律行事的条件。此后，英国的杰文斯、奥地利的门格尔、法国的瓦尔拉斯几乎在同时写出系统的边际效用理论的著作，一场用边际效用理论和分析方法取代传统古典经济学的革命由此开端，新古典主义经济学和现代经济学分析方法由此产生，这就是经济学史上著名的“边际革命”。而将这场边际革命与古典经济学整合成为完整思想体系的便是19世纪末20世纪初英国最杰出的经济学家马歇尔。

1842年，阿尔弗雷德·马歇尔出生在英国伦敦郊区的一个工人家庭，虽然家境一般，但他的父母却努力让他受到很好的教育。青年的马歇尔进入剑桥大学学习数学、哲学和政治经济学，尽管他对哲学饶有兴趣，但最后还是选定经济学为专业。做出这个决定的重要原因是马歇尔曾走访过英国的贫民区，无法忘却他所见到的贫穷和饥饿。他看到了19世纪中期在资本主义制度下英国出现的严重的社会不公平，他感觉到神学、数学、物理学和伦理学都不能够给人类带来“福音”，于是，他把自己的注意力转移到政治经济学上面来，把剖析社会现状的希望寄托在经济学的研究上，打算从经济上来分析社会不公平的原因，他把经济学看成是增进社会福利、消灭人类贫困的科学。毕业后，马歇尔在剑桥大学任教9年，然后到了牛津大学，1885年他回到剑桥大学任教直到1905年退休。

马歇尔的主要著作是1890年出版的《经济学原理》。该书在西方经济学界被公认为是划时代的著作，也是继《国富论》之后最伟大的经济学著作。该书所阐述的经济学说被看做是英国古典政治经济学的继续和发展。在西方经济学中以马歇尔为核心而形成的新古典学派在长达40年的时间里，一直占据着支配地位。马歇尔之前，古典学派认为价格取决于供给，供给又取决于生产成本，也就是劳动时间和节制欲望的牺牲。可在边际学派看来，价格取决于需求，需求又取决于边际效用。马歇尔认为，两者并不冲突，他同时吸收了两种理论，用边际效用说明需求的变动，用生产成本说明供给的变动，从而从需求和供给两方面来说明均衡价格的决定。由此，马歇尔把供求论、生产费用论、资本生产理论和节欲论等传统理论，同边际效用论、社会达尔文主义等新理论结合起来，建立了以“均衡价格论”为核心的经济学集大成的新体系。

马歇尔的理论综合性极强，他在《经济学原理》中指出，政治经济学和经济学是通用的。因此，不能把“政治经济学”理解为既研究政治又研究经济的学科，“政治经济学”也可简称为“经济学”。在他的努力下，经济学发展成为一门独立的学科，具有与物理学相似的科学性。剑桥大学在他的影响下建立了世界上第一个经济学系，他也成为剑桥学派的创始人。要理解他的理论，需要把握这样几个特点：

第一，以心理分析为基础。可能有人会感到奇怪，经济学与心理学有什么关系？经济学研究的是人类各种经济活动和各种经济关系。人类个体及社会的各种需求和满足需求的活动正是其研究的对象，而人类的需求必然与人类的心理有着极其密切的关系。马歇尔认为，经济学主要研究人类行为的动机，因为人类的动机会“最有力、最坚决地影响人类的行为”。人类行为的动机可以分为两类：追求满足和避免牺牲，这两类动机的“均衡”就是绝大多数经济范畴和经济规律的基础。

第二，强调经济的“连续原则”。他认为，生物界的发展是渐进的演化过程，是没有飞越过程的（当然，现在看起来这个观点是错误的，大约6亿年前寒武纪生物大爆炸就是例证）。他认为，经济学本身的发展与人类进化有极大的相似性，经济世界也是不断变化和缓慢成长的。因此，经济思想也是连续的，是一个逐渐积累的、不断进化的学说。新的思想可以补充、修改旧的学说，但却很少推翻旧的学说。

第三，边际增量的分析。在连续原则的基础上，马歇尔认为，对一种物品的需要是一个连续的函数，这个物品的“边际”增量在稳定的均衡下，为它相应增加的生产费用所抵消了。他通过边际增量分析说明价格、工资和利息是在两种相反力量的作用下形成的均衡决定。

第四，“均衡”概念的运用。这是马歇尔经济学理论的核心，是以流通领域中的供需关系说明价值的形成。均衡价格是指由供给和需求双方通过市场作用形成的价格。他吸收了边际效用和生产费用理论，以此来说明需求变动和供给变动的规律。

第五，充分运用数理方法。马歇尔年轻的时候具有良好的数学、哲学基础，他在研究中充分利用数学分析方法，从而改变了传统经济学大多只注重理论分析的局面。他用供给曲线和需求曲线分析收入、成本的变化对价格的影响。马歇尔最重要的贡献之一是建立了弹性的概念和计算弹性的公式。他分析了需求的价格弹性和供给的价格弹性，发现在短时期内需求的上升会带动价格、产量的小幅度增加，但更多的会导致价格的上升。在长时期内，产量较容易扩张或收缩，企业可以进入或退出，这使得长期的供给曲线显得比较平坦。因此，马歇尔得出结论，在短期里，需求是影响价格的决定性因素；而在长期里，供给或生产成本是影响价格的决定因素。

马歇尔的新古典主义经济学是 20 世纪前期世界上影响最大的理论，可是，随着 1929 年世界经济危机的爆发，经济学的发展又迎来了一个新的时代。

撰写/封明霞

扩张性财政政策的提出

——大危机成就的经济学家凯恩斯

美国杜克大学的胡佛教授曾经对人讲了这样一个有趣的故事："1934 年，在华盛顿的一家酒店的房间里，当我正准备与凯恩斯共进晚餐时，他对我的小心谨慎的行为进行了善意的讽刺。当时，我在搁架上挑选毛巾并尽可能避免弄乱其他毛巾。他却用胳膊一扫，一下就将两三条毛巾扫到了地板上。然后，他开玩笑地说道：我确信与你非常谨慎地避免浪费相比，我对于美国经济更加有贡献，因为通过弄乱这些毛巾可以刺激就业。"

这个传说是否真实现已无法考证，但是这种思想正是凯恩斯提倡的，他甚至提议政府将钞票捆扎起来，埋到矿井里，让工人去挖，只要工人挖到，他们就会去消费，就能刺激经济的发展，这种扩张性财政政策真的有效吗？

凯恩斯，1883 年 6 月 5 日生于英格兰的剑桥，14 岁以奖学金入伊顿公学（Eton College）主修数学，曾获托姆林奖金（Tomline Prize）。父亲内维尔是剑桥经济学家和逻辑学家，母亲佛萝伦丝也是剑桥毕业生。因此，他在青少年时代就有机会同一些经济学家和哲学家接触，并结识了一些有文艺才能和创新精神的朋友，后进入剑桥大学专攻数学，并以优异成绩毕业，就任剑桥国王学

院经济学教师。

第二次工业革命后，英国逐渐衰落。第一次世界大战，更是英国国运的转折点。大战之后，英国开始从“殖民帝国”“世界工厂”的峰顶一步步衰退了下来。英国由盛而衰的大逆转令所有英国人内心充满不甘、彷徨和无所适从。第一次世界大战爆发后，凯恩斯被征召进财政部工作。大战结束后，他以英国财政部首席代表身份参加巴黎和会，后来因为他对德国赔款问题的意见未被接受而忿然辞职，复归剑桥大学任教。

1929—1933 年资本主义世界爆发的经济危机令西方国家一片混乱，百业萧条，物价猛跌，工厂倒闭，人心恐慌，局势动荡。至今，西方的人们谈论起那次危机还心有余悸。那次危机使整个资本主义世界的工业生产倒退到 1900—1908 年的水平，英国甚至倒退到 1897 年。更为严重的是，在以往的危机中时常采用的金融货币政策完全失灵。凯恩斯等一批西方经济学家被迫对现有的经济理论进行反省和批判，并希望有新的理论来解释严峻的危机现实，从而找到挽救资本主义的可行办法。正如他的传记作者哈罗德所言：“当他坚信问题之最佳解决办法的大门已经紧紧关闭的时候，他就毫不犹豫地寻找另一扇门。”

应该说早在经济危机到来之前，凯恩斯就已经提前感受到经济的萧条与不景气：停顿不前的经济、庞大的失业大军、萎缩的国际贸易等，曾经行之有效的原则与政策无力扭转英国经济日渐衰落的颓势。所有这些被后人称为“英国病”的现实、矛盾和危机使凯恩斯较早便开始考虑失业问题，考虑财政政策与失业之间的关系，也更清楚地看到了通货紧缩与失业增加之间的关系。

面对大萧条时期的需求不足和严重失业现象，凯恩斯提出了政府干预的必要性和重要性。1936 年，凯恩斯的代表作《就业、利息和货币通论》发表。他提出了扩张性的经济政策，即国家通过增加社会需求，扩大政府开支，实行财政赤字，增加货币供应等措施来促进经济增长，实现充分就业，增加国民收入。简言之，就是构建“生产—就业—消费—生产”的良性循环，即政府可以通过建设桥梁、大坝等公共项目，雇用失业人员，这批人就业后用领取的工资购买食品等货物，从而刺激了对这些货物的需求，生产这些货物的厂家又会雇用更多的人，这些就业人员又刺激了另一轮的需求，增加了另一些人的就业。

此外，凯恩斯继承了曼德维尔的学说，反对一味节俭。传统的经济学理论和社会道德规范认为储蓄、节俭是美德，极少宣传消费是善举，是刺激经济的良策。凯恩斯引用曼德维尔的寓言：蜜蜂社会由于追求奢侈豪华的生活而繁荣，又由于节俭而衰落，以此说明节俭往往对社会发展不利。凯恩斯曾把那些上街购物的家庭妇女称为爱国者。他说："现在我们需要的不是勒紧裤带过日子，而是一种发展扩张，积极活跃的精神状态，要多干一些实事，多买一些东西，多制造一些商品。"这就是凯恩斯的"爱国消费论"，只是如果这种消费是以国货为前提的话，那就必定会燃起各国之间贸易保护主义大战的硝烟，导致国际关系的紧张。

就这样，对他个人而言，凯恩斯实现了与传统理论的决裂，从一个曾经是毫不怀疑自由放任政策、自由贸易原则，并主张恢复战前金本位制的经济学人，转而成为一个锋芒毕露的国家干预经济和贸易保护政策的鼓吹者。而对资本主义经济学来说，凯恩斯开启了一个宏观经济学的时代。这在经济危机后惊魂未定的西方世界引起了极大轰动。西方学者对此评论道："凯恩斯是在致命危机威胁资本主义世界时挽救和巩固了这个社会。"有的学者把凯恩斯的理论比做"与哥白尼在天文学上、达尔文在生物学上、爱因斯坦在物理学上一样的革命"。

如果说在经济危机期间，美国政府全面干预下的种种经济实践是与凯恩斯的经济思想不谋而合的话，那么二战后，西方国家普遍发展国家垄断资本主义，则是对凯恩斯主义大规模地、自觉的运用。它的实践结果，一方面是促进了西方国家经济在战后25年的恢复和迅速发展，另一方面也给凯恩斯带来资本主义的"救星""战后繁荣之父"等美称。

但是，长期推行凯恩斯主义膨胀性经济政策的后果带来了70

年代的“滞胀”，凯恩斯主义不得不退下“官方经济学”宝座。即使如此，此后各国实施的经济政策中，仍然可以看到浓厚的凯恩斯主义色彩。

1998 年的美国经济学会年会上，在 150 名经济学家的投票中，凯恩斯被评为 20 世纪“最有影响力”的经济学家。

撰写/王　雄

警察应该只为富人服务吗

——萨缪尔森的辉煌成就

阿成和阿牛是从小玩到大的好朋友，两人小的时候几乎天天在一起玩耍。长大了以后，阿成在一家很有名气的公司担任高级管理人员，工资比较高。阿牛做生意亏了本，只好在一家洗车店打工。一天，阿成来洗车，正好遇到阿牛。两人见面很开心，顺便约好晚上聚聚。

晚上，阿成和阿牛还有另外几个朋友一起在一家饭店吃饭。酒过三巡，大家闲聊，遇到一个问题争论不休。啥问题呢？阿成拿钱包时从包里掉出缴税单，阿牛看到，“哈哈！一个月交这么多税，看来收入很高啊！”“哪里，哪里。”阿成打着哈哈。“其实，叫我说，交得多也没意思，警察又不会专门为你服务！”阿牛随口说道。

阿成的一位朋友大刚听了这话不乐意了，“阿牛！你别小看阿成，他打一个电话警察准到！”“怎么可能？警察还听你的不成？你交的税多，警察就为你服务，我交的税少，他就不为我服务，难道警察都是为富人服务的吗？”阿牛完全不相信，大刚就对阿成说：“你打个电话，让他见识见识！”阿成笑着说：“算了，阿牛是我的好朋友，争这个没意思！”……

在绝大多数国家里都有穷人和富人。作为一个国家向国民提供公共服务的政府，需要向国民征税才能具备提供服务的基础。但是，税收应该怎样征收才合理呢？如果像上面案例里面的情况，“富人交税多，得到的服务也应该多！”那么穷人怎么办？反过来，富人交税多，得到的服务与交税交得少的穷人得到的服务一样似乎也不公平。这就是国家税收的两难问题。解决这个问题的正是 20 世纪最杰出，也是最具影响力的经济学家保罗·萨缪尔森。

保罗·萨缪尔森（1915—2009）出生于一个经济学世家，他的侄子就是美国总统奥巴马的首席经济顾问萨默斯，而兄弟罗伯特、妹妹安妮塔也都是知名经济学家。1931 年，年仅 15 岁的保罗·萨缪尔森考入芝加哥大学，专修经济学。1935 年获得学士学位，随后又获得哈佛大学的硕士学位和博士学位。

萨缪尔森的巨著《经济学》流传颇广，该书对经济学中的三大部分——政治经济学、部门经济学、技术经济学都有专门的论述，不论是其中的宏观经济学、微观经济学，还是从生产到消费，从经济思想史到经济制度，他都有新的创见。这本书被翻译成日、德、意、匈、葡、俄等多种文字，据报道销售量已达 1000 多万册，成为许多国家和地区制定经济政策的理论根据。现在，我国的许多高校也将他的《经济学》作为专业教科书。

萨缪尔森于 1947 年成为约翰·贝茨·克拉克奖的首位获得者，并于 1970 年获得诺贝尔经济学奖。他是获得该奖的第一个美国人。当他从瑞典的斯德哥尔摩领奖回到纽约时，成千上万的人前来欢迎他。在为他举行的典礼上，他满怀激情地向人们说：“我可以告诉你们，怎样才能获得诺贝尔奖，诀窍之一就是要有名师指点。”他没有忘记精心栽培他的汉森·阿尔文教授。

萨缪尔森的成就很多，在税收问题上，他指出了税收的真实含义，并说明了两次分配的不同内涵。他指出：“人民在决定如何向他们自己征税时，实际上他们所决定的是——如何把满足社会需要的资源从各个家庭中取出，从他们所拥有的企业中取出，以备作为公有物品和公共服务来使用。”在这里，萨缪尔森指出了政府的税收是来自对私人部门的征收，这是税收的第一次再分配；

另一方面，他认为，政府取得的税收主要用于转移支出，这是第二次再分配。“国家也在福利转移支付上花钱，把钱给予社会上某些人，以便用于他们的私人需要”。他进一步分析，税收的上述两次再分配是对社会有利的，是公平的，因为税务负担是“落于富人，而不是穷人”“落于有形资源（如土地和财产），而不是劳动力所有者身上”。

他认为传统的原则虽然重要，但在实施中却比较困难，这两个传统原则是“利益原则”和“牺牲原则”。他指出：“设想甲乙二人一切相同，其唯一不同之处是乙的财产和收入为甲的十倍。这是否意味着乙缴纳的税款应和甲一样；或者，由于警察需用较多的时间来保护富人的财产，境况富裕的乙必须用收入的较大比例来付税?”解决这个问题的办法是采用兼顾两个原则的公平合理原则，分别按横的公平和纵的公平征税。“对于情况相同的人征收相同的赋税；对于情况不同的人，征收不同的赋税”。因此，一国应采用比例税率和累进税率，就能很好地解决这个矛盾。

萨缪尔森另一项重要的成就是创立了经济发展的一个新的数学模型：乘数—加速数模型。经济发展在总体趋势增长的过程中，会经历有规律的扩张和收缩，人们将这种现象看成是经济发展的周期。萨缪尔森研究了投资、收入、消费、总供给、总产出之间的关系，将这些关系综合考虑，分析它们在整个经济周期中的不同作用。萨缪尔森注意到了乘数论和加速原理相互作用的关系，他巧妙地把两者合为一体，于1939年发表了他的处女作《乘数分析与加速原理的相互作用》，并首创经济波动的模型，指出政府开支对国民收入的重大作用。这一模型告诉我们：没有政府收入和支出行为的影响，经济本身就会自发形成周期性的波动，投资通过乘数影响收入和消费，收入和消费又通过加速数影响投资。所以，政府干预不是形成经济周期的原因，恰恰相反，政府对经济的干预可以缓解经济波动，拉平经济周期的波峰和波谷。

由此可见，萨缪尔森为政府干预经济提供了严谨而有力的根据。他实际上是凯恩斯主义的集大成者。萨缪尔森认为，凯恩斯主义是在资本主义世界的经济危机的历史背景下产生的，从1929年4月的美国华尔街股票暴跌开始，自由主义经济学与政府干预的两大理论就开始不断争论，二战后的经济发展表明，凯恩斯的理论对资本主义的发展很有价值。20世纪60年代，美国的经济增长较快，在肯尼迪·约翰逊出任美国总统的8年中，美国没有爆发经济危机，凯恩斯主义被他的追随者吹捧为“战后繁荣主义”，作为总统首席经济顾问的萨缪尔森在这一段经济发展中功勋卓著，他帮助总统实行了著名的“肯尼迪减税”政策，减税增加了消费支出，扩大了总需求，并增加了生产和就业。这一经济发展的成就也被视为“新古典综合学派”的功绩，萨缪尔森便是这一学派的代表。

当然，风云变幻的世界经济并不会以哪些人的理论为唯一准绳。随着20世纪70年代中期经济危机的爆发，凯恩斯主义的作用不甚明显，新自由主义的号角再次吹响，世界经济的发展又进入了一个新的时代。

撰写/王　雄

31 凯恩斯最强有力的反对派

——奥地利经济学派的领军人物哈耶克

有两个人，从1928年开始争论，一直争了50年，还把一大批世界一流的学者卷入其中，可谓“硝烟弥漫，尘土飞扬”。甚至当两人先后离世，他们争论的问题依然在很多国家继续受到关注。这两个人中的一位就是大名鼎鼎的凯恩斯，在全世界陷入经济危机的时刻，他提出必须改变自由主义市场经济原则，由政府采用干预经济的办法，用扩张性财政政策来推动消费。他的主张开始被人们怀疑，随着罗斯福新政取得了一些成效，这个干预主义的思想得到许多人的支持，特别是在二战以后，西方各国普遍采用干预主义改革，经济迅速发展，经济危机似乎被遏制，凯恩斯主义取得了如日中天的地位。

但是，有一个人却始终在反对凯恩斯，这个人就是哈耶克。他不断指出凯恩斯的错误，强调自由市场的重要性，指责政府干预会带来无尽的灾难。可惜，站在哈耶克身边的人越来越少。哈耶克的朋友路德维希·拉奇曼说，20世纪30年代初哈耶克刚到伦敦经济学院时，“所有人都是哈耶克的信徒；而到了20世纪30年代后期，就只剩下我一个人了”。

当20世纪70年代中期，资本主义经济面临一系列“凯恩斯主义”无法解决的问题时，人们想起了哈耶克，看起来，自由主义市场经济的原则还是很重要的，又有不少人站到了哈耶克这一边，特别是他于1974年获得诺贝尔经济学奖之后。哈耶克对此曾说："当我年轻时，只有很老的人才相信自由市场经济体系。当我中年时，几乎只有我本人而其他人都不相信它了。当我年老时，我很高兴能活着看到年轻人又相信它了。"

准确地说，哈耶克不只是经济学家，他还是著名的哲学家、法学家，在众多领域有颇多建树。在"凯恩斯主义"面临危机的时候，沉寂多时的自由主义经济学开始复苏，掀起了反"凯恩斯主义"的新自由主义浪潮。这个浪潮由维也纳大学、伦敦经济学院、芝加哥大学和弗莱堡大学的新奥地利学派、伦敦学派、芝加哥学派和弗莱堡学派四个流派支撑，而哈耶克在这四个大学都曾经任过教，他被公认为四所大学的理论代表，是"新自由主义"的领军人物。

弗里德里克·A·哈耶克（1899—1992）出生在维也纳一个知识分子家庭，父亲是一位医生，母亲是大学的教授。1921年他获得维也纳大学法学博士学位，1923年获得政治学博士学位。但很快转向经济学研究，1927年他又获得经济学博士学位，这为他此后极其宽广的学术视野奠定了坚实的基础。

哈耶克的第一本著作是《货币理论与商业周期》，1929年出版以后就产生了较大影响，这本书分析了信贷扩张对于经济体资本结构的影响。这本书出版后，他受邀请到伦敦经济学院举办讲座。这次讲座的讲稿结集出版，成为他的第二本著作《奥地利学派的商业周期、价格与生产理论》。此后，他还出版了《资本纯理论》《通向奴役的道路》《法律、立法与自由》《货币的非国家化：共存货币理论与实践的分析》等一系列重要著作。研究范围涉及经济学、理论心理学、政治哲学、法律人类学、科学哲学和思想史。其中，有三个领域贡献卓著：政府干预、社会主义的经济后果及社会结构的发展。

站在自由主义立场，长期批判凯恩斯理论是哈耶克自己认定的目标。他认为，判断一个社会好坏的标准不是经济福利，而是人的自由程度。哈耶克特别反对把经济福利作为理想社会的目标，他认为追求经济福利的目标必然导致国家干预经济。理想社会要通过法治才能实现，要做到这一点，就要实现思想解放，把人的思想从崇尚国家的现代蒙昧主义中解放出来，自觉地为实现这种理想而奋斗。

20 世纪 70 年代中叶，西方各国长期实施“凯恩斯主义”政策的负面效应逐渐显露出来。经济发展在通货膨胀和发展停滞中摆动，原来比较适用的膨胀性政策和紧缩型政策已经无法取得任何效果，“凯恩斯主义”陷入困境。反思甚至批评“凯恩斯主义”，为经济政策和经济活动提供新的理论支持，成为经济学研究的新的趋向。一些新的自由主义经济学流派纷纷走上历史舞台，如现代货币主义、供给学派、理性预期学派、公共选择理论、新制度经济学等。这些新的流派虽然与哈耶克不一定有直接联系，但它们都继承和发展了哈耶克一生坚持的自由主义传统。

在哈耶克看来，尽管凯恩斯毫无疑问是一位伟人，但他并不是由于经济学而伟大。他认为，在凯恩斯的经济学理论中没有丝毫可取之处。凯恩斯的研究大多以错误的前提出发，得到的是错误的结论。“凯恩斯的各种思想全部是基于马歇尔派的经济学，其实这也是他唯一了解的经济学。凯恩斯的涉猎领域很广，但他的经济学知识却相当狭窄……他只能理解那些他已经知道的东西……对瓦尔拉斯、帕累托以及奥地利人和瑞典人已经取得的成果几乎一无所知。我有理由怀疑他是否曾充分掌握了国际贸易理论。我认为，他也不曾系统思考过资本理论，甚至作为起点的货币价值理论——这是他的批评目标，好像也只是十分肤浅的数量理论中的交换方程式，而不是马歇尔更为精湛的现金平衡理论”。

哈耶克影响最大的是《通向奴役的道路》一书。哈耶克一直反对斯大林社会主义，反对那种僵硬的计划经济，认为社会目标是个人目标的总和，社会目标不能抑制个人目标。而苏联社会主义贬低个人目标，而遵从于社会目标，限制了利己的动力，计划经济中的集中决策没有市场经济中的分散决策灵活，所以社会主义不可能有高效率，而且社会主义违背人性，计划经济导致政府集权，是“通向奴役的道路”。这本书很快赢得西方国家的追捧，就连哈耶克的对手凯恩斯对此也有赞美之词，他说：“在我看来，这本书很棒。我们有最充分的理由感激你这么精彩地说出了我们想说的话。你大概不会指望我接受这本书中的经济论观点。但从道德和哲学角度，我确实完全同意本书的观点，而且不仅是同意，是深表赞同……”

其实，哈耶克与凯恩斯虽然在学术上争论不休，私下里却交情不浅。哈耶克在晚年也专门澄清了他与凯恩斯的关系：“虽然我仍然不同意凯恩斯的观点并与他有过白热化的辩论，但我们却保持了最好的私人友谊。并且，就他作为一个人而言，在很多方面我都对他怀有极高的敬意。”

哈耶克与凯恩斯，一对学术上的冤家，一对生活中的诤友，不仅值得我们赞赏，更值得我们学习。

四 法学智慧

世界古代文明的一个摇篮是幼发拉底河和底格里斯河流域，人们习惯上称为两河流域。公元前 19 世纪初期，来自叙利亚草原的游牧部落阿摩利伊人（塞姆人的一支）来到两河流域，他们以巴比伦为都城，建立了古巴比伦王国。这里拥有良好的地理位置，它是幼发拉底河中游东岸的城市，在两河流域的中心，处在贸易和交通的要道上。在此之前，这里就已经是两河流域的商业和手工业中心。

撰写/吴　佳

32 超越时空的法典

——《汉谟拉比法典》的永恒价值

一天，古巴比伦王国的国王汉谟拉比召集百官，说自己午睡的时候做了一个非常奇怪的梦，梦见太阳神沙玛什交给自己一支权杖，并告诉他在某处有神的旨意，要求汉谟拉比执行神的意愿，在人间制定一部《法典》。

于是，汉谟拉比就率领众人到神庙附近寻找。结果真的被汉谟拉比找到一块刻有《法典》的黑色大石碑。石碑上面的图画也与汉谟拉比所描述的梦境一模一样。形体高大的太阳神端坐着，身后放射出太阳的光芒，头戴螺旋形宝冠，身披长袍，正在授予汉谟拉比象征权力的魔标和魔环；汉谟拉比头戴传统的王冠，神情肃穆，举手宣誓。石碑的下面是《法典》的具体条文。

其实这些很可能是汉谟拉比事先安排好的，在此之前，汉谟拉比曾秘密地招来一批工匠，让他们把《法典》的条文刻在一块石碑上。石碑完工之后，汉谟拉比又秘密地派了一小队宫廷卫兵将石碑埋在某处神庙附近。事情完成之后，这些工匠和卫兵全部被秘密杀死。

汉谟拉比为什么要装神弄鬼地颁布《法典》？《法典》又记录下了怎样的内容呢？

世界古代文明的一个摇篮是幼发拉底河和底格里斯河流域，人们习惯上称为两河流域。公元前19世纪初期，来自叙利亚草原的游牧部落阿摩利伊人（塞姆人的一支）来到两河流域，他们以巴比伦为都城，建立了古巴比伦王国。这里拥有良好的地理位置，它是幼发拉底河中游东岸的城市，在两河流域的中心，处在贸易和交通的要道上。在此之前，这里就已经是两河流域的商业和手工业中心。

幼发拉底河和底格里斯河在亚洲的西部，从西北流向东南，注入波斯湾。每年春天，上游山区的积雪溶化，洪水奔流而下，因此河水经常泛滥，淹没了许多农田，给当地居民带来了许多灾难。但是由于洪水冲积，也给农田带来一层肥沃的淤泥，成为当地居民从事农业生产的有利条件。这里的土地肥沃，灌溉方便，对农业和其他经济的发展非常有利。古巴比伦利用其地理条件的优势，逐渐发展壮大。但历史上却曾一度向北方的亚述称臣，直到汉谟拉比继位之后，古巴比伦才成为一个强国。

公元前1792年，汉谟拉比成为古巴比伦第一王朝的第6代国王。汉谟拉比十分勤政，他兴修水利，奖励商业，并建立了一支常备军。从公元前1787年起，他开始了统一两河流域之路，利用各国连年打仗、彼此削弱的机会，经过35年的战争，终于到公元前18世纪中期统一了两河流域，建立了以巴比伦为首都的中央集权的奴隶制国家。

汉谟拉比上台之后，为了统一两河流域各城邦的习惯法和成文法，改变法律不统一和混乱的局面，决定制定一部《法典》。他装神弄鬼颁布《法典》反映出了汉谟拉比的智慧，他把一切都归结到神的意志，自然也就不需要再多解释了。

1901年12月，由法国人和伊朗人组成的一支考古队，在伊朗西南部一个名叫苏撒的古城旧址上进行发掘工作。一天，他们发现了一块黑色玄武石，几天以后又发现了两块，将三块拼合起来，恰好是一个椭圆柱形的石碑。它明显有着比所有的玄武石加在一起更重的分量，它的价值在于它上面所刻的那些楔形文字，因为石碑的下半段是用楔形文字书写的一部法典，其中有少数文字已被磨光。这块石碑就是著名的《汉谟拉比法典》，也是世界上已知最早的一部比较系统的成文法典。现在《汉谟拉比法典》被珍藏在巴黎卢浮宫博物馆。

据说，当年汉谟拉比每天要处理的申诉案件太多，简直应付不了。他就让大臣把过去的一些法律条文收集起来，再加上习惯法的部分内容，编成了一部《法典》。

《法典》的序言部分主要是介绍汉谟拉比，文辞优美，充满了神话色彩。正文部分是282条法律条文，内容包括诉讼手续、损害赔偿、盗窃处理、租佃关系、财产继承、婚姻、商业高利贷关系和对奴隶的处罚等等，比较全面地反映了当时的社会状况。结论部分是承接序言而来，但除了歌颂汉谟拉比的功绩之外，《法典》还尖刻地诅咒了以后任何敢于篡改法典的统治者，以此来强调《法典》的权威性和永久性。

汉谟拉比在《法典》的序言中写道："安努与恩里尔为人类福祉计，命令我，荣耀而畏神的君主，汉谟拉比，发扬正义，于是，灭除不法邪恶之人，恃强不凌弱，使我有如沙玛什，照临黔首，光耀大地。"不管汉谟拉比是否真的做到，我们都必须承认，正是依靠这部《法典》，汉谟拉比时代的古巴比伦王国成为古代东方奴隶制国家中统治最严密的国家。更为重要的是该《法典》以神的名义要求国王做到发扬正义，追求幸福，这样一种立法意义与目标具有超越时空的永恒价值。

《法典》里，"商业法"占有很大的比例。一切关于销售、租赁、易货、贷款、抵押的交易按规定都要签订合同。《法典》还涉及世界史上最早的劳动法，和现代法律相比较，《汉谟拉比法典》仅282条法律条文，就涉及了现代刑法、民商法、劳工法、社会法等丰富的内容，充分说明古巴比伦人在法学上的早慧与成就。

《汉谟拉比法典》在很多方面是比较仁慈宽厚的，比如规定债务奴隶为他的主人劳动3年后可以恢复为自由民。又如，关于领养别人孩子的法律说："如果某人领养了一个婴儿，并将他养大，孩子的生身父母不得将其领回。”

《汉谟拉比法典》不仅使古巴比伦王国建国之前的立法成果得到了保留，成为了古巴比伦文化的一部分。更重要的是，它真实而全面地反映了当时的社会经济制度，不仅标志着古西亚法律制度的进步和国家的成熟，对之后的古代西亚及西方法律文化也产生了深远的影响。

古巴比伦的辉煌早已成了过眼云烟，但历史却记住了汉谟拉比，不仅因为他的政治、军事成就，更因为一部人类法制史上的瑰宝——《汉谟拉比法典》。

撰写/邓　惠

33 正义女神的威严
——《罗马法》的永恒价值

一位蒙上眼睛的女性，穿着白色的长袍，戴着金色的王冠，左手提着一个天平或秤，放在膝上，右手举起一把剑，倚着缠有一条蛇的束棒，脚下坐着一条狗，案头放着一支权杖、书籍若干及骷髅一个。在这里，白袍象征道德无瑕，刚正不阿；蒙眼，因为司法纯靠理智，不靠误人的感官印象；王冠，因为正义尊贵无比，荣耀第一；秤或天平，比喻裁量公正，在正义面前人人皆得所值，不多不少；剑，表示制裁严厉，决不姑息，如同插着斧子的束棒（古罗马一切刑罚的化身）；蛇与狗，分别代表仇恨与友情，两者都不许影响裁判；权杖有伸威的作用；书籍则载明法律；骷髅是说人的生命脆弱，而正义则代表永恒。这就是西方的正义女神。

最早的正义女神源于古希腊神话中的西弥斯，她后来做了宙斯的妻子，并为宙斯主持神界的法律和道德。古罗马神话中也有一位正义女神，她叫朱蒂提亚，是正义的守护神。英语中的“justice”一词就是来自拉丁文“正义女神”的名字，在英文中这个词不但指正义，而且还有法官的意思，可见正义和法官的联系，法官被认为是正义的化身。

在很多国家法院的建筑物上或建筑物前，经常能看见正义女神的塑像。如美国最高法院正门石阶左侧就矗立着一

尊正义女神像，巴西最高法院前也建有一尊坐着的正义女神像，在审判中行使裁判权的法官们心中坚持的必定是正义的信仰。在西方一些国家的法学院中也经常能看见正义女神像的身影。正义女神是正义的象征，刚刚踏入法学院大门的学子们最先接触的就是正义的理念。

人的本性使人难免带有感情，而法律是偏向理智的。把国家的管理寄托在个人身上，就等于把国家的命运寄托在经常变幻的感情上，常会出现人的情感偏见。即使法律本身有这样或那样的缺陷，但法治比人治来得扎实、稳当，令人放心。古罗马留给人类文明的一份最为宝贵的遗产，就是罗马法。罗马法不是一个单一的立法文献，而是指从公元前 6 世纪末到公元 7 世纪，古罗马制定和实施的全部法律。在这一千多年的历史过程中，它随着罗马国家的发展而演变，呈现出较为明显的阶段性。德国史学家古斯塔夫·胡果将罗马法的发展比做一个人从幼年、少年、壮年到老年的自然过程。

幼年时期是从罗马建城到《十二表法》。当时罗马通行的是习惯法，习惯法由于没有固定的成文形式，因此具有很大的伸缩性和不确定性。无形中就为贵族压迫平民、袒护贵族提供了方便。

少年时期是从《十二表法》到西塞罗时期（前 106—前 43），这是法律进步时期。公元前 450—前 449 年，罗马历史上的第一部成文法典——《十二表法》诞生了。《十二表法》内容相当广泛，条文比较明晰。从此，审判、量刑皆有法可依，贵族对法律的随意解释受到限制，平民利益得到保护。在罗马共和国时期（前 509—前 27），罗马法用来调整罗马公民之间的关系，适用范围主要限于罗马公民，所以被称为公民法。在公民法下，罗马公民受到法律的保护，享受法律赋予的权利。

壮年时期是从西塞罗到亚历山大·塞维鲁斯帝时期（222—235），称为法律昌明时期。在共和国向帝国的转变过程中，罗马法空前发展，经历了由公民法向万民法的转变。万民法突破了公民法的适用局限，适用于罗马境内各族自由人，满足整个社会的普遍要求，对维系罗马的政治、经济、文化的发展有重要意义。另外，这一时期法学人才辈出，盛极一时。西塞罗就是其中的代表。他首次明确而系统地提出自然法思想，对自然法思想进行系统建构。那么自然法是什么？它不是具体的法律条文，而是一种法律观念。西塞罗认为，自然法是普遍存在的、至高无上的法则，它先于人类现实法律而存在，其作用远远超过人定的法律。正义应以自然法为根据，没有自然法就不可能有任何正义。在自然法体系下，人人生而平等，并且在法律面前一律平等。由于西塞罗把源于古希腊的自然法思想引入罗马法，因而极大地推动了罗马法的发展。正如英国史学家梅因所言："我找不出任何理由，为什么罗马法律会优于印度法律，假使不是'自然法'理论给了它一种与众不同的优秀典型。"可以说，如果没有西塞罗在罗马大力推介自然法思想，罗马法就不可能达到后来如此辉煌的地步。

老年时期从亚历山大·塞维鲁斯帝到优帝一世去世期间，法律已呈现衰象，但仍属成熟阶段，主要标志是进行了法典的编纂。6世纪，东罗马帝国皇帝查士丁尼组织法学家把历代的罗马法加以系统化和法典化，汇编成《民法大全》，罗马法体系最终完成。

罗马法在世界法制史上占有十分重要的地位。关于它的影响，诚如19世纪德国法学家耶林格的评价："罗马帝国曾三次征服世界，第一次是以武力，第二次是以宗教，第三次是以法律。武力因为罗马帝国的灭亡而消亡，宗教随着人民思想觉悟的提高、科学的发展而缩小了影响，唯有法律征服世界是最为永久的征服。"罗马法产生的影响主要表现在：

一、罗马法的创设成型，有力地规范了当时的社会生活，为调解复杂的社会矛盾提供了法律手段，对罗马帝国的统治起到了维系作用。罗马是古代典型的法治国家，崇尚法治，认为法律是治国之本，欲求国家长治久安，必须严肃法纪。因而，无论公职人员、自由民，还是到罗马经商的外国人，都必须依据罗马法行事，否则就要受到惩罚。罗马帝国时期，整个罗马帝国的社会生活和矛盾冲突的解决基本上都靠法律手段，因此社会稳定，经济发展，实现了自由民在法律面前人人平等，人民安居乐业。

二、罗马法是近代西欧各国法学的渊源和近现代法律的先驱。罗马法体系宏大，法理精微。涉及自然理性、现实实践、法律与正义、人的权利、法律与道德等基本问题，构成现代西方法学的重要内容。西方国家的陪审制度发端于罗马，罗马律师制度是现在世界各国律师制度的初级形式，西方国家的某些司法原则，也起源于罗马法。比如案件的裁决要有文字记录，以作为日后审案的参考，没有证据不能定罪等。资产阶级革命以后，一些资本主义国家在制定自己的民法时，大多以罗马法为基础。受罗马法影响最为明显的是1804年法国制定的《民法典》。英语国家的法律也吸取了罗马法中的不少因素，如契约、债务和继承制度等。

三、罗马法还跨出了欧洲的范围，其影响涉及日本、中国等东方国家。日本明治维新以后制定的民法典，不同程度受到罗马法的影响。清末民律草案和国民党政府的民法都是借鉴德、日等国《民法典》编成的，自然具有罗马法的痕迹。我国现行的《民法通则》《继承法》也在一定程度上接受了罗马法的原则。

四、罗马法中所蕴涵的“人人平等，公正至上”的法律观念，具有超越时间、地域和民族的永恒价值。17、18世纪新兴资产阶级的政治、法律思想家，从格劳秀斯到卢梭，都是以自然法作为自己的理论基础。自然法思想蕴涵的自由、平等、个人主义、天赋人权观、私有财产神圣不可侵犯等基本理念，都产生了广泛而持久的影响。美国独立战争时的《独立宣言》、法国大革命时代的《人权宣言》就是基于自然法学说。

可见，罗马法的影响已经远远超出了孕育它生长的社会，因此，从这个意义来说，罗马法的影响是历史性和世界性的，它不仅仅只是罗马人的法律，而且是全人类的法律。法律对过去来说是文明的产物，对现在来说是维系文明的工具，对未来来说是促进文明的工具。法律在我们生活中的价值，主要体现在对自由的维护、对秩序的确立和对正义的实现上。

古罗马有则法学谚语："为实现正义，哪怕天崩地裂。"矗立的正义女神像表达了人们对正义的永恒追求。对正义女神的解读不仅仅是对她表面的象征意义的解释，我们努力探索的是她背后的正义理念。自古以来，人们对自由的向往胜过一切，而正义则是自由的保护神，无正义则无自由。

撰写/邓　惠

34 崇高的正义

——伟大的法学家西塞罗

公元前81年的一天，罗马广场上人头攒动，人们专程来倾听对赛格塔斯的审判。赛格塔斯被控谋杀了他的父亲。在古罗马，弑父是最严重的罪行，刑罚最严厉。其实这是当时的独裁者苏拉想陷害赛格塔斯，是他指使他的手下克莱索高努斯所为，企图置赛格塔斯于死地。在当时的政治高压下，这种诬陷几乎没有翻案的可能。但是有位年轻人决定接受这一挑战，凭着自己所学的法律知识和雄辩才能，不怕触犯权贵，勇敢地站出来，充当赛格塔斯的辩护人。在审判现场，他以大量不可辩驳的事实和犀利的词锋，无情地揭露和痛斥克莱索高努斯的罪恶行径，使他威信扫地。结果，法庭以无罪释放了赛格塔斯。

这一案件的胜诉，不仅使赛格塔斯的冤案得到昭雪，而且还具有反抗苏拉独裁统治的意义。当然，这位年轻人也在这次辩护中初露锋芒。这位年轻人就是罗马共和国晚期著名的政治家和法学家——西塞罗。

西塞罗（前106—前43）出生于古罗马的一个富裕的贵族家庭，自幼受到良好的教育。他聪颖有灵性，以至于当地孩子们的家长都来旁听学校的课程，以便亲眼看看这位小神童。西塞罗16

岁时穿上成年袍到罗马求学，研读法律和哲学，经常到罗马广场看控诉、申辩、演讲以及投票选举活动。由于老师的认真教诲和自己的不断努力，西塞罗学到了许多有益的知识。他成为律师后，其雄辩才能开始显现，起初只是偶尔为他人辩解，并没有引起人们的注意，赛格塔斯一案使他一夜成名。

但西塞罗的正义行动却引起了苏拉党人的仇视，迫害他的阴谋渐渐向他逼近。西塞罗于公元前 79 年离开罗马，摆脱了险境。公元前 77 年，西塞罗回到了罗马，于次年当上了西西里省的财政官。西西里省总督维列斯横行无忌，贪赃枉法，用行贿的手段买通了罗马的一些法官和官吏，大肆进行敲诈勒索。西塞罗对此深恶痛绝，他认为维列斯在西西里省的所作所为，损害了当地居民和国家的利益，应该绳之以法。公元前 70 年，西塞罗对西西里总督维列斯的罪行提出起诉，要求法庭给予公正的判决。同时，他对维列斯的辩护者霍坦塞乌斯的嚣张气焰愤愤不平。因此，他决心在揭露维列斯的同时，顺便挫败霍坦塞乌斯。但是，当西塞罗向法庭提出诉讼后，维列斯和霍坦塞乌斯却企图利用自己的权势和声望迫使法庭拖延审判，以便拖过对他们的审判或减轻自己的罪行。西塞罗通过详实的事实、严密的逻辑，使他们的阴谋没有得逞，只好乖乖地接受审判。维列斯自知罪孽深重，难逃法网，自愿放逐，隐退到马西利亚（今法国马赛）。霍坦塞乌斯自知理亏，不敢继续再为维列斯辩护。从此，霍坦塞乌斯便销声匿迹了。

西塞罗在反维列斯的斗争中，进行了六次演讲。在一系列的演讲中，他联系维列斯的案件，对罗马法庭和当权者的罪行进行了抨击。他说："在这些法庭里，从现任成员的品格来看，对于最恶劣的罪犯，只要他有钱，就不会被判罪。"辛辣的语言、无情的揭露，说出了一般人不敢讲的话，赢得了听众的好评。

同年，在西塞罗的努力下，元老院通过了《奥列里阿法案》。《法案》规定：非贵族出身的一般公民同元老院贵族一样享有同等的审判权利。此《法案》打破了元老贵族们垄断法官席位的传统，使财产不多的普通公民，也可以分享罗马的审判权。

通过反维列斯暴政和《奥列里阿法案》，西塞罗威望日长，名声显赫。公元前63年，他被选为罗马执政官。任职期间他揭露并镇压了喀提林阴谋。喀提林出身于贵族家庭，是苏拉的朋友和支持者。他两次竞选执政官失败后，决定通过武装政变夺取权力。他在各地进行鼓动，秘密聚集力量。西塞罗获悉喀提林的阴谋后，粉碎了他的阴谋。这场斗争的胜利，使得西塞罗的政治声望空前高涨，他也因此获得了“祖国之父”称号，达到其政治生涯的顶峰。

可是不久，罗马的政治形势发生了很大的变化，上层统治者的斗争迫使西塞罗于公元前58年春出走马其顿，他的财产被没收，住宅被拆毁。公元前57年，在庞培等人的努力下，西塞罗又回到罗马，受到民众的热烈欢迎，财产被归还。公元前51年，西塞罗出任西里西亚行省的总督。他任职期间，忠于职守，廉洁奉公。他在罗马的亲信卡里斯曾劝他利用行省的财政收入，以捐助的方式支持他的执政官竞选活动，但遭到他的拒绝。他的这一行为颇受民众赞赏。

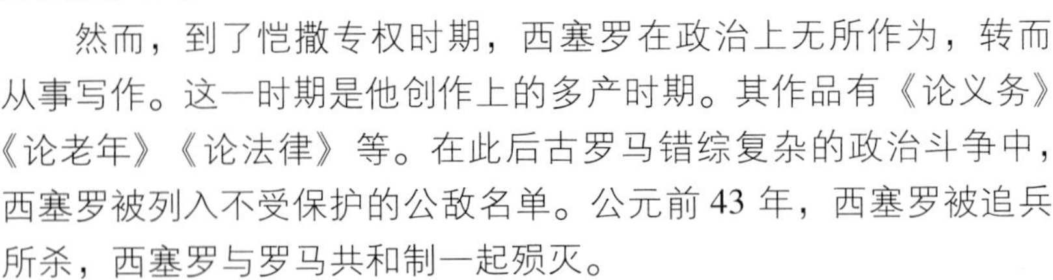
然而，到了恺撒专权时期，西塞罗在政治上无所作为，转而从事写作。这一时期是他创作上的多产时期。其作品有《论义务》《论老年》《论法律》等。在此后古罗马错综复杂的政治斗争中，西塞罗被列入不受保护的公敌名单。公元前43年，西塞罗被追兵所杀，西塞罗与罗马共和制一起殒灭。

西塞罗的所言所行，体现了崇高的正义，体现了法的尊严。谈到法，不得不提到自然法。自然法不是具体的法律条文，而是一种法律观念。其概念是亚里士多德提出来的，古希腊斯多葛学派作了进一步的阐述。西塞罗承袭并发扬了他们的学说，为古罗马国家奠定了一种政治法律哲学基础，因此被誉为“自然法之父”。他认为，在自然法体系下，人人生而平等，都有资格享有某些基本权利，强调公平公正至上。自然法先于成文法和国家颁布的法律而存在，它是正义的根源，是人类法律的基础。在他看来，自然法高于一切人定法和人为权力，是判断正义与非正义的标准，是衡量人类立法和人类行为的准绳。西塞罗进而认为，各国的法律只有符合自然法，才是“真正的法律”。在现实中，倘若人类的一些立法违背了自然法的准则，那么它便不是“真正的法律”。

自然法倡导法律至高无上的地位和人的自然权利，这种认识是十分难能可贵的，因为它是从原则和本质上规定了人的尊严与自由。这种人类自然平等的思想是对古罗马法律实践的理论概括与升华，标志着古罗马法律的成熟，是古罗马文明最为伟大的成就之一。这种法律思想对推动罗马法和后世法学的发展和进步，有着不可磨灭的功绩。

古罗马曾流行过这样一句话：“法学家创造了罗马法。”古罗马的法学家们在建立和完善罗马法体系中起过极为重要的作用。正是由于他们的努力，法学才成为一门自成体系的学科，而法学的目标更是越发接近某些客观的标准，这些标准就藏在自然法之中。这是“自然法之父”西塞罗对罗马法所作的杰出贡献，也是罗马法的灵魂所在。

撰写/梅　冬

35 约束王权的开始

——英国《大宪章》的签订

在英国泰晤士河畔有一块美丽而又平静的草坪，草坪上坐落着一座具有古希腊风格的开放式的圆顶纪念亭。纪念亭的正中央竖立着一座圆柱形的纪念碑，碑身上镌刻着“谨以此纪念作为法律之下自由象征的《大宪章》”。每年春暖花开的时候，草坪和四周的树木绿意葱葱，来自世界各地的游客随意而又从容地观览这座简洁、朴实的圆顶纪念亭，纪念亭周围的草坪上也经常可以看到人们席地而坐，惬意地享受着阳光下自由而又舒适的闲暇时光。

这座圆顶纪念亭在1215年曾经位于节节胜利的贵族武装和英国国王约翰王驻地的正中间。1215年6月15日，在英国各阶层联合行动的压力下，面临绝境的约翰王不得不同意与25位贵族代表在伦敦泰晤士河畔的这个圆顶亭子周围进行谈判。这场在刀光剑影之下的艰难谈判持续了整整4天，25名贵族代表和约翰王通过交锋和妥协，最后，约翰王不得不在《大宪章》——这份既是限制王权的法案，又是和平停战宣言的文件上签字并盖上了皇室的印章。这份双方签字的《大宪章》用羽毛笔蘸墨书写在一张羊皮纸上，至今较为完好地保存在大英图书馆的珍品展厅里。然而，当时的缔约双方几乎没有人真正意识到，他们的所作所为书写了英国历史的一个重要篇章，也成为人类宪政历史上的一个重要事件。

在1066年之前，不列颠先后被来自欧洲大陆的凯尔特人、罗马军团、日耳曼人（习惯上称之为盎格鲁—萨克逊人）征服，英国还不是一个真正意义上的统一的民族国家。1066年，位于法国西北部滨海一带的诺曼底公国的公爵威廉征服了英格兰，并建立起统一的王朝。从威廉开始，英国王室才开始有了正宗的血统传承。威廉一世（1066—1087）被称为“征服者”，他对英格兰的征服被称为“诺曼征服”。从此，英国结束了盎格鲁—萨克逊时代，开始了诺曼王朝（1066—1154）的统治时期。

诺曼征服的重要结果不仅包括确立了英国的封建制度，也包括英国王权的加强。威廉一世不仅镇压英国贵族的叛乱，而且在全英范围内实行有效的统治，他进一步发展了以采邑领地为纽带的封君封臣制度（欧洲的封建制度，国王和大封建主层层分封土地，彼此结成以土地为纽带的阶梯式的封主、封臣关系，而且土地所有权和统治权结合，封臣在自己的庄园和领地拥有较大的权力，封臣必须效忠封主，但封主也有责任保护自己的封臣，且不能随意侵犯封臣的权利），国王与大大小小的封建领主之间建立了主从关系，英国王权得到了加强。但由于欧洲封建制度实际上意味着分权，国王和贵族都很清楚自己的地位，知道按照本分和长久以来的习惯和规则，自己应该拥有什么，不应该拥有什么。虽然当时还没有成文的以书面形式出现的法律，但是随着时间的推移，国王和贵族遵照彼此之间的承诺，各自履行义务、享受权利，成为英国社会约定俗成并得到各方认同和遵守的一种规则。因此，实际上英国国王并没有类似于中国古代专制君主的真正意义上的大一统的权力。

约翰王统治时期（1199—1216），英国王权逐步被削弱。约翰王是一个好战却又屡战屡败的国王，在连年的对外战争中，他丧失了英国在法国的大部分领地，英国人把他称为“失地王”。约翰王还以封建习惯法和长久以来形成的规则所不允许的方式，任意没收封臣的领地，干涉领主法庭的审判权力，同时为了筹措对法国战争的费用，约翰王加紧了对贵族和市民的盘剥。他随意增加税额和加征新的捐税，如他把贵族们的继承税上涨了100倍，兵役免除税提高了16倍，各种生活必需品的价格也都出现了成倍上涨，这不仅激起了贵族领主的愤怒，还使得过去一向支持国王的骑士和市民都倒向了反对国王的贵族一边；教会则因为国王干涉其选举、增加税收因而也站在了贵族领主一边。约翰王的行为破坏了贵族和国王之间不成文的惯例，激起了英国社会各阶层的反抗。

到了1215年春天，愤怒的英国贵族们为了反对约翰王连年的对外战争、随意增加税收和疯狂掠夺教会财产等行为，在斯坦福集结起来，并浩浩荡荡地向伦敦进军，武装讨伐国王，教会、小封建领主和市民也加入其中。讨伐约翰王的理由其实很简单，就是国王约翰没有履行自己保护臣民利益的义务，却要求得到比惯例和契约规定的更多的权利。

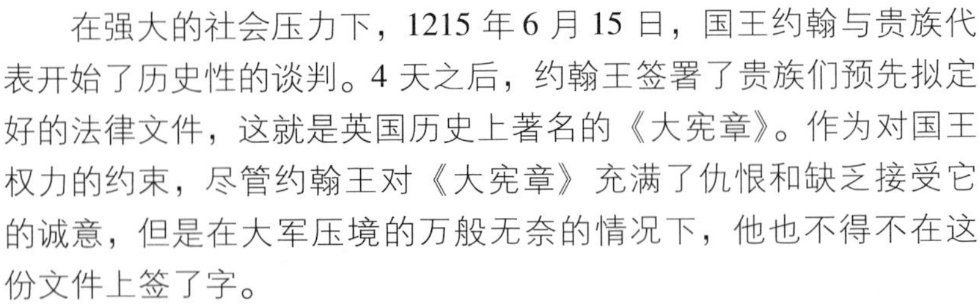

在强大的社会压力下，1215年6月15日，国王约翰与贵族代表开始了历史性的谈判。4天之后，约翰王签署了贵族们预先拟定好的法律文件，这就是英国历史上著名的《大宪章》。作为对国王权力的约束，尽管约翰王对《大宪章》充满了仇恨和缺乏接受它的诚意，但是在大军压境的万般无奈的情况下，他也不得不在这份文件上签了字。

为什么约翰王如此不情愿地在《大宪章》上面签字呢？因为《大宪章》明确规定，国王在未征得贵族同意的情况下不得随意地征收赋税；国王不得剥夺他人的财产，不得宣布他们不受法律保护，也不得随意将他们处死。《大宪章》同时还规定，如果国王违背他的诺言，贵族们有权拿起武器来反对国王的统治，在这种情况下，全体英国人都应站在反对暴政者的一方。

《大宪章》里有两条最著名的条款，后来也被写进英国法律里面而代代传承：第一条就是国王要宣誓向任何人施以公正，不能剥夺他人的权利；第二条就是如果法庭没有判决，国王也不能逮捕他人和剥夺他人的财产。这两条条款表明，臣民的权利是独立的，而不是国王恩赐的，所以国王也不能剥夺它。《大宪章》还确定了以下两项重要原则，一是以法律的形式肯定了臣民财产及人身安全的保障权；二是臣民与君主的契约关系中，臣民对君主的不法统治拥有反抗权。这两项原则对后来英国社会的发展产生了极大的影响：保障个人财产，激发个人成为社会发展的动力；侵犯公民权利的政府缺乏合法性，人民拥有反抗暴政的权利。

1215 年的《大宪章》一共只有 63 款，短短几千个字，但是它却是第一次把国王和贵族之间约定俗成但又模糊不清的权利和义务关系，转化为了明确的法律文字。从此以后，英国国工的权力不再是至高无上的，他开始在法律的限制之下行使权力。

在约翰王被迫签下《大宪章》之后，英国的历代君主不断地将《大宪章》稍加修正后继续颁布，几百年来，《大宪章》前前后后被颁布了 40 多次。这种长期的重申和普及积累起深厚的传统力量，将契约和法治的基本精神融入到英国人的心灵深处。

《大宪章》的签署也为以后的英国人提供了一种用和平谈判和相互妥协的方式解决国家政治问题的思路和智慧。它成为对君主权力进行限制的永久见证。在漫长的历史进程中，《大宪章》所确定的法律至上、限制王权和保障人权的基本原则，逐渐被认为是英国立宪政治的基础，在今天的英国乃至世界仍有其积极意义。

撰写/曹　伟

36 把统治者关进笼子

——1787 年美国宪法的制定

2004 年 7 月 4 日是美国的国庆日。这一天，美国总统布什发表了一段非常精彩的演说。他说："人类千万年的历史，最为珍贵的不是令人炫目的科技，不是浩瀚的大师们的经典著作，不是政客们天花乱坠的演讲，而是实现了对统治者的驯服，实现了把他们关进笼子里的梦想。因为只有驯服了他们，把他们关起来，才不会害人。我现在就是站在笼子里向你们讲话。"

"把统治者关进笼子"是两百多年前美国开国总统华盛顿的伟大创举，并且早已成为世界主流社会公认的定理。这是因为统治者很容易变成比狮虎更凶残的猛兽。与统治者相比，人民只是各顾各的绵羊，随时会成为狮虎的牺牲品。不把统治者关起来，百姓就没有安全可言。

历史上，许多统治者都是靠暴力镇压和奴才文化把老百姓关进笼子的，"极权"引发的祸患如同洪水，一旦宣泄出来就难以收回。直到 1787 年，美国总统华盛顿当选为制宪会议主席，他和同事们制定的美国第一部宪法扭转了乾坤。宪法详细规定了人民应当享受的权利，严格限制了统治者可以行使的权力。所有统治者在有限的任期内必须接受公众、舆论和司法的严密监督，重要决策必须得到议会批准，所有行为都要接受议会调查，所有财政预算必须经过议会严格审核批准才能生效……人类终于“把统治者关进了笼子”！

美国总统是当今世界上权力最大的人之一。能关美国总统的“笼子”到底是如何被“制造”出来的呢？怎样才能把统治者关在笼子里呢？

美国是一个非常年轻的国家，它的源头可以追溯到英国殖民统治时期。1607 年，英国殖民者来到北美，在大西洋沿岸建立了第一个殖民地弗吉尼亚。后来经过不断拓殖，英国人在大西洋沿岸建立了 13 块殖民地。随着北美经济的发展，殖民地与英国本土的矛盾日益尖锐。英国人希望北美永远成为它的商品市场和原料产地，对北美人民实行高压统治。北美人民不满英国人的殖民压迫与盘剥，最终爆发了北美独立战争。1776 年 7 月 4 日，大陆会议通过《独立宣言》，英属北美殖民地正式宣布独立。后来这一天成为美国独立日。但直到 1783 年，英国才承认美国独立，北美独立战争最终取得胜利。英属北美的 13 块殖民地就构成了美国最初的 13 个州。

但独立后的美国情况非常不妙，很快就遇到了许多无法解决的问题。当时美国实行邦联体制，是一个由 13 个邦组成的松散联盟。由于没有一个真正的中央政府，以至于无法协调各邦之间的贸易，没有办法保护美国商人的海外利益，也无法偿还独立战争期间欠下的巨额债务，更无力承担起保卫国家安全的重任，甚至面临着内部动乱的危险。为了解决这些问题，各邦派出代表商讨解决问题的办法，这就是 1787 年费城制宪会议。有意思的是，这次会议是秘密进行的。华盛顿被推举为会议主席，他规定与会者不得以日记或笔记的形式记录会议情况。经过几个月的激烈讨论，通过了一部联邦宪法，这就是 1787 年宪法。这部宪法的一大创举就是“把统治者关进笼子”，让他只能为社会造福而不至于危害社会。

这部宪法的制定直接受到法国启蒙思想家孟德斯鸠学说的影响。孟德斯鸠认为“一切有权力的人都会滥用权力，这是万古不变的经验。要防止滥用权力，就必须以权力约束权力”。在孟德斯鸠看来，统治者很容易变成比狮虎更凶残的猛兽，就像霍布斯所说的海中怪兽利维坦一样。只有把统治者关进笼子，才能使他们为社会造福而无法危害社会。为了实现“把统治者关进笼子”的梦想，美国1787年的《宪法》共设计了两道防线。

第一道防线：中央集权与地方自治相结合，实行联邦制。立法、征税、州际贸易、保持海陆军、宣战、外交、缔结条约等权力被赋予中央，但各州又保有很大的独立性。各州有自己独立的宪法，有独立的立法、行政和司法部门，有独立的征税和财政系统。

第二道防线：按照“权力制衡”“三权分立”的原则构建联邦政府。行政权属于总统，立法权属于国会，司法权属于最高法院，三项权力之间相互制约。这源于孟德斯鸠的“三权分立”理论，三项权力中任何一项权力都要受到另外两项权力的制约，避免绝对权力出现，以防止独裁。

以美国总统为例，总统拥有最高行政权，有权处理国家事务和联邦政府的各种工作，有权选任所有行政部、院、署、局等机关首长；美国总统还是美国武装部队的总司令；总统是负责处理对外关系的主要官员，能任命驻外大使、公使和领事，接见外国大使及公务人员，也有权与外国缔结条约、签订行政协定；总统对宪法负责，对立法有否决权；最高法院的大法官也由总统提名、任命。

可以说，美国总统是世界上权力最大的国家元首之一，但是美国总统还要受到国会和最高法院的制约。比如美国众议院有权对犯有“背叛、行贿、受贿或犯有其他重大罪行和恶行”的包括总统、副总统在内的所有美国文官提出弹劾，然后交由参议院审判；而最高法院如果认为总统签署的法律、条约和政策“违宪”，可以宣布它们无效。历史上有多位美国总统遭到国会弹劾，如约翰逊、尼克松、克林顿。1974年，美国总统尼克松由于参与了

“水门事件”，遭到国会的弹劾而被迫辞职。“水门事件”是美国的一次政治丑闻，主要是在1972年的美国总统竞选过程中共和党政府采取了一系列非法活动。水门大厦是华盛顿的一座综合大厦，1972年6月17日有5个人闯入大厦内的民主党全国总部而被捕。后来的调查表明，尼克松政府参与了其中的行动。尼克松也因此成为美国历史上第一个被迫辞职的总统。

另外，美国总统由选举产生，每届任期4年。1789年，华盛顿当选为美国历史上第一任总统；1793年，华盛顿再度当选为美国总统。华盛顿被誉为“美国国父”，以他的个人威望和能力完全可以连选连任下去。但在1796年，他在第二个任期届满前夕，谢绝了朝野大多数人的挽留，坚决拒绝接受总统候选人的提名，开创了美国总统任期不超过两任的先例，树立了光辉榜样。这一传统后来又以法律的形式加以肯定，使美国总统在正常情况下的最长任期为两届（不超过8年）。

从某种角度看，统治者与被统治者是“狮虎”与“绵羊”的关系。不把统治者关起来，老百姓就没有安全可言，随时会成为狮虎的牺牲品。人类历史上，长期没有实现“把统治者关进笼子”的梦想，人类社会进步异常缓慢。美国实现了“把统治者关进笼子”的梦想，用短短两百多年的时间发展成为当今世界上最强大的国家。正如一位学者所言：“对于真正的美国主流精英人士来说，他们的国家最值得为之骄傲的不是其庞大的物质财富、领先世界的科技和教育、无与伦比的军事力量，而是创造这一切的机制。这种机制用通俗的话来讲就是治国之道。”这里“治国之道”主要是指1787年宪法所奠定的治国基础和原则。而且美国的民主政体，不仅开创了“把统治者关进笼子”里的先例。同时，华盛顿开创民主政体又不是被迫的，而是完全自愿主动的选择，因此华盛顿也开创了“统治者自己走进笼子”的先例。把官员关进笼子，官员只能由人民选举产生而不是由上司授予官职，官员若想保住职位就必须对人民负责。从这个意义上说，只有关进笼子的官员才可能成为人民的公仆。

撰写/曹　伟

37 拉法耶特的智慧

——法国大革命中《人权宣言》的诞生

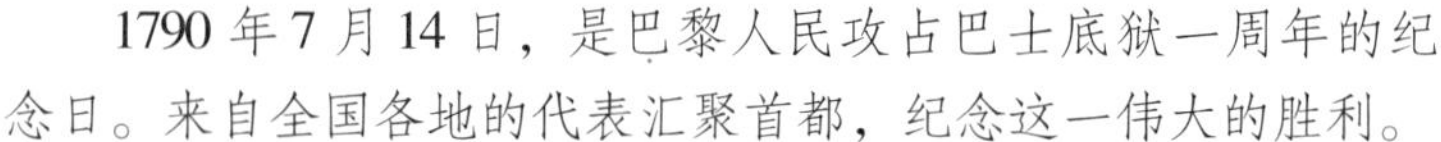

1790年7月14日，是巴黎人民攻占巴士底狱一周年的纪念日。来自全国各地的代表汇聚首都，纪念这一伟大的胜利。

有一个人，他第一个走上设在马尔斯广场中央的祖国祭坛，宣誓效忠："我们宣誓，永远忠于国民，忠于法律，忠于国王；尽力维护国民议会制定并经国王同意的宪法；并以永不分离的友爱同全体法国人民团结在一起。"顿时，礼炮声和欢呼声响成一片。

当他走下祭坛时，人们拥上去吻他的脸和手、衣服和长筒靴，甚至吻他的马鞍和马。有人大声叫道："你们看拉法耶特先生，他正在驰向未来的世纪呢！"

拉法耶特是一个什么样的人？为什么他会享有如此高的威信和荣誉？

拉法耶特出生在一个历史悠久的法国贵族家庭，据说其家族源头可以追溯到古罗马帝国的恺撒时期。但他的幼年很不幸，两岁时父亲战死，13岁时母亲和祖母去世。在婶婶和两位神父的帮助下，他完成了童年时期的教育。14岁时他追随父辈的足迹，加入法国陆军。16岁时逐渐步入法国上流社会的社交圈子。

1776年，拉法耶特19岁，是一名热血青年。这一年，他得知英属北美殖民地爆发了反抗英国殖民统治的独立战争，他很想到美洲去帮助美国人打仗。于是，很富有的拉法耶特自己买了一条船，招募了一群人，准备参加北美独立战争。但这个消息被英国人知道了，他们向法国政府施加压力，要求惩办拉法耶特。拉法耶特坐着船逃亡美洲，参加了北美独立战争。作为第一个志愿参加美国革命的法国人，美国人民给予了他极大尊重，授予他当时美国的最高军衔——陆军少将。在独立战争期间，拉法耶特与比他年长25岁的华盛顿成为终生好友。美国人民追求自由、反抗殖民压迫的精神，也深深影响了拉法耶特。参加美国独立战争，给拉法耶特赢得了极大荣誉，他被称为新世界的英雄。

18世纪，欧洲的思想启蒙运动进入高潮，涌现出众多启蒙思想家，著名的有伏尔泰、孟德斯鸠、卢梭以及以狄德罗为代表的百科全书派。法国声势浩大的启蒙运动，为法国大革命的到来做了最充分的思想准备。参加完美国独立战争，回到法国以后的拉法耶特成为自由派贵族的领导人。当时法国在路易十六的统治下，仍是欧洲大陆上一个典型的封建专制国家，政治和财政危机严重，革命爆发迫在眉睫。拉法耶特反对国王的税收政策，打算用限制国王权力的办法解决法国面临的危机。他上书国王要求召开已经中断长达175年之久的三级会议（他是唯一上书要求召开三级会议的人）。国王路易十六被迫于1789年5月召开三级会议。拉法耶特又第一个提出“国民议会”名称。6月，他们将三级会议改为国民议会。拉法耶特主张建立英国式的君主立宪制，并为法国制定一部宪法。7月，国民议会又改名为制宪议会，拉法耶特当选为制宪议会副主席，成为法国君主立宪派的领袖人物。

1789年7月14日，巴黎人民攻占了巴士底狱，法国大革命爆发了。7月14日后来成为法国的国庆日。革命果实落到了以拉法耶特等人为首的君主立宪派手中，拉法耶特被民众拥戴为新成立的国民自卫军司令。

在拉法耶特等人的领导下，制宪议会对法国旧有的封建制度进行了大刀阔斧的改造，并创立了新社会的若干基本原则。其中，影响最大的是拉法耶特参与起草并获得通过的《人权宣言》。

1789 年 8 月 26 日，由法国制宪会议通过的《人和公民权利宣言》（简称《人权宣言》），既是法国历史上的第一部人权宣言，也是人类历史上第一部正式的人权宣言。《人权宣言》开宗明义指出："鉴于对人权的无知、忽视或蔑视，是公众不幸和政府腐败的唯一原因，现决定在一个庄严的宣言中公布天赋的、不可转让的、神圣的人权。"它宣告：

1. 人生来并且始终是自由的，在权利上是平等的。社会殊荣只能建立在公共事业之上。

2. 一切政治结合的目的都在于保护人的天赋的和不可侵犯的权利。这些权利是自由、财产、安全和反抗压迫。

3. 全部主权的源泉根本在于国民；任何团体、任何个人都不得行使不是明确来自国民的权力。

4. 自由是指可以去做任何于他人无害之事的权力；因此，行使个人的天赋权利，只能以保证社会其他成员也享有同等权利为界限。这些界限只能由法律来确定。

5. 法律只能有权禁止有害于社会的行动。凡不是法律所不许可的事，都不得禁止；并且不得强迫任何人去做不是法律所规定的事。

6. 法律是公共意志的表现。所有公民都有权亲自或者通过其代表参与法律的制定。法律对一切人，无论是保护还是惩罚，都必须一视同仁。在法律面前，所有的公民都是平等的。

7. 任何人在被宣判有罪之前，都被推定为无罪。

8. 自由交流思想和意见是最珍贵的人权之一；因此，每个公民都可以自由地说话、写作和出版，但必须在法律所规定的情况下对滥用这种自由承担责任。

《宣言》郑重宣告了基本人权和人民主权原则，认为整个主权的本源主要是寄托于国民，它为法治原则的确立做出了重要贡献。认为“法律是公共意志的表现”“在法律面前，所有的公民都是平等的”。《人权宣言》还认为立法权属于人民，制定了正当法律程序、罪刑法定、无罪推定、法不溯及既往等具体法律内容。

《人权宣言》以美国的《独立宣言》为蓝本，但内容更为完善，把150年来所有关于自由、民主、宪政和人道主义的思想以十分简洁的形式表述出来。《人权宣言》将启蒙运动中的政治主张以法律的形式肯定下来，比较充分地体现了近代宪政的基本精神，奠定了近代宪法的基础。它后来多次成为法国宪法的序言。拉法耶特在成为美国的英雄之后，又成为法兰西民族的英雄，其个人声望也逐渐达到顶峰。由此，出现了本文开头的一幕。

就政治理想而言，拉法耶特是君主立宪的坚定支持者。他帮助美国人赶走了一个国王，却要为法国人保留一个国王。1791年6月发生国王出逃未遂事件，拉法耶特对被押回巴黎的路易十六采取了保护措施。当巴黎人民要求废除君主制，建立共和国时，拉法耶特率领军队驱赶群众，并下令向群众开枪。这与当时法国人民要求共和的呼声发生了激烈冲突，法国民众不能原谅拉法耶特，他们发出“把拉法耶特吊死在路灯杆子上”的呼声，革命的英雄开始逐渐被日趋激进的人民所抛弃。

1792年，法兰西第一共和国建立。这一年年底，国民公会开始了对国王路易十六的审判。第二年初，路易十六在巴黎被送上断头台。国王走了，随之而来的是雅各宾派的恐怖统治，坚决反对革命的路易十六的王后也被送上了断头台，包括拉法耶特的亲人也纷纷被送上断头台。拉法耶特本人得以幸免，开始流亡国外，逐渐成为无足轻重的角色。

拉法耶特是一个至今仍为人们津津乐道的人物，被誉为“新旧两个世界的英雄”。他帮助美国人民走向自由，其声誉不亚于华盛顿。2002年，美国国会通过法案，追认拉法耶特为美国荣誉公民，并称赞他“永远是自由的象征”。他在法国大革命初期所起的作用是毋庸置疑的，是法国当之无愧的英雄。

撰写/徐渭清

38 风能进，雨能进，国王不能进

——老磨坊维护的权利

在德国的波茨坦地区，有一座令人敬仰的小磨坊，这座磨坊作为德国私权神圣和司法独立的象征而屹立了一百多年。

故事要从1866年说起。有一天，普鲁士国王威廉一世来到波茨坦的行宫，当他站在屋顶远眺大好河山时，一座破旧的磨坊遮挡住了他的视线，威廉一世大怒，认为这破旧的磨坊实在有碍观瞻，便下令予以拆除。当有官员告诉他这是别人的私有财产，不能随便拆除时，威廉一世又下令先把这座磨坊买下来，然后再予以拆除。可是这座老磨坊的主人坚决不同意拆除磨坊，威廉一世恼怒了，心想竟有人敢敬酒不吃吃罚酒，便再次下令予以强制拆除。

谁曾想，这位老磨坊的主人具有极高的法治意识，坚决不买国王的账，非要将国王告上法庭不可。于是老磨坊主一纸诉状将威廉一世推上被告席，审理此案的普鲁士最高法院的三位法官具有极高的法律素养，坚信“法官的上司只有一位，那就是法律”，最后判令：国王擅用王权拆毁私人房屋，违反了王国《宪法》第七十九条第六款，应立即重建磨坊，并赔偿损失150塔勒。威廉一世只得服从判决，为老磨坊主重修了磨坊，并支付赔偿金。后来这座磨坊被德国政府永久性地保留了下来，并流传下来一句广为传颂的法治名言——“风能进，雨能进，国王不能进”，不断地给后人讲述着一个“民权、法治”的故事。

英国首相威廉·皮特在演讲中曾这样表达对个人财产权的敬畏：“即使是最穷的人，在他的寒舍里也敢于对抗国王的权威。风可以吹进这所房子，暴雨可以打进这所房子，房子甚至会在风雨中飘摇，但是国王不能踏进这所房子，他的千军万马不敢踏进这所烂了门槛的破房子。”

“风能进，雨能进，国王不能进”，这个经典法理谚语强调了私有财产应受到法律的保护。可以说，在这个经典的案例里，集中了西方法治精神的精华：那个又穷又倔的老磨坊主，是在通过法律的途径，去维护他的个人权利；波茨坦的市民们，不是通过发动战争暴乱而是到法院去列队游行，用和平的方式，去捍卫这个国家的法律正义；三位大法官，则是在兢兢业业地履行“司法独立”“公平正义”的司法原则；而国王的“权力”，最终还是要受到人民的“权利”和法律的“权威”的约束，这就明明白白地向世人展示了“法律权威至高无上”“法律面前人人平等”的法治精神。

一个普通老百姓，凭什么在国王面前保持了自己的尊严？其实原因很简单：1. 他有属于自己的东西，即土地房产。2. 这些私有财产是神圣的，受法律保护。3. 这个国家的法律体系在权力之上。只有司法体系独立于行政体系之上，才能真正做到法律面前人人平等。4. 这个国家的法治精神已经深入人心，因而能得到很好的落实。

在日本也有一个这样经典的案例：日本成田机场需要向南延伸，但是，所需土地上的农民拒绝拆迁。政府曾经试图通过强制手段达到目的，由此引发了旷日持久的抗议活动。从 1978 年至

2004 年的 26 年间，日本全国共发生 500 多起针对政府的抗议事件。无奈之下，日本政府将机场向南延伸的方案改为向北延伸，虽然花费了巨资，但是，《宪法》对公民基本权利的保障得到了强化。此事成为日本的一个标志性事件。

“风能进，雨能进，国王不能进”道出了一个基本常识，那就是公权力和私权力有明确的界限，必须恪守“井水不犯河水”的原则。上帝的归上帝，撒旦的归撒旦，上帝和撒旦必须有各自明确的疆界，就好像上帝和撒旦有各自归属的天堂和地狱一样。当然，不是说公权力不能进入私人领域。公权力进入私人领域有一个原则，那就是“非请莫入”。私人事务没有请求公权力救济，政府就不能介入。我国《宪法》第三十九条规定：“中华人民共和国公民的住宅不受侵犯。禁止非法搜查或者非法侵入公民的住宅。”这是对公民的住宅不受非法侵犯的最高法律保障。在国家和社会之间有着严格的分界线。当事人行使了请求权后，公权力才能进入私人领域。

英国哲学家与经济学家大卫·休谟曾说过一句话：“哪里没有财产权，哪里就没有自由。”奥地利著名思想家、1974 年诺贝尔经济学奖得主哈耶克在其著作《致命的自负》中说：“哪里没有财产权，哪里就没有正义。”法国大革命的成果《人权宣言（1789 年）》第十七条说：“财产是神圣不可侵犯的权利，除非当合法认定的公共需要所显然必需时，且在公平而预先赔偿的条件下，任何人的财产不得受到剥夺。”韩非子说：“一兔走，百人追之。积兔于市，过而不顾。非不欲兔，分定不可争也。”意思是说，一只野兔跑过，一百多人争相追逐，每个人都想得到野兔，因为野兔的归属未定。市场上有很多兔子，没有人去抢。不是因为人们高尚，而是他们知道那已经是私人的财产。中国有两个古老的说法叫“人为财死，鸟为食亡”“天下熙熙，皆为利来；天下攘攘，皆为利往”，这说明了只有私有财产制度，才能制约人们相互争夺财产的无限欲望。

“风能进，雨能进，国王不能进”不仅是著名的法理谚语和法律原则，更是财产私有权利保护的先进理念。数年后，威廉一世去世了，威廉二世登基；老磨坊主也去世了，小磨坊主继承了磨坊。后来，小磨坊主手头拮据又急需用钱，想卖掉磨坊。卖给谁呢？他想起了父亲和威廉一世的那段往事，于是他给威廉二世写了一封信，在信中委婉地陈述了那段往事，表明现在急需用钱，想把磨坊卖给威廉二世。很快，威廉二世给他回了信。信中说："亲爱的邻居，你说要把磨坊卖给我，这可事关国家大事，我以为万万不可，因为这座磨坊已成为我国司法独立和裁判公正的象征。我怎么能忍心让你丢掉这份产业呢？你应当竭力保住这份产业并传之子孙，使其世世代代保留在你家名下。你现在经济困难，我十分同情，派人送去3000马克，以解燃眉之急。"信末署名是："你的邻居威廉。"小磨坊主收到威廉二世的信以后，打消了出售磨坊的念头，并且教育其子孙要珍惜这份祖传遗产。

直到现在，这座象征司法独立和裁判公正的古老磨坊还屹立在波茨坦的土地上。

撰写/王　健

39 米兰达警告

——沉默权引发的争议

50多年前，一个名叫恩纳斯托·米兰达的美国青年因绑架、强奸两罪，被判处20至30年监禁。在蹲了5年牢狱后，他被假释出狱。因为生活无着落，他灵机一动，想出了一个靠自己"名人"身份致富的"高招"，即在警察随身携带的"米兰达警告卡"上签名，制造所谓的"极品收藏"。当时，米兰达索价仅1.5到2美元。遗憾的是，慕名而来的顾客寥寥无几，他的生意极为清淡。毕竟，他背着一个强奸犯的恶名。但是，物以稀为贵。在如今的收藏品市场上，一张有米兰达签名的"米兰达警告卡"，价格已从当初的2美元暴涨到1万美元。

什么是"米兰达警告"呢？

看过美国警匪片的人，都会对这样一个镜头留有印象，警察一边给嫌犯戴上手铐，一边念念有词："你有权保持沉默。如果你不保持沉默，那么你所说的一切都能够用来在法庭上作为控告你的证据……"不管这个嫌疑人是否在听，是否听懂了，警察们总要说出这一大堆的话。有时被戴上手铐的嫌犯认识那个警察，还会跟警察一起背一遍，甚至还要幽默一下。这就是美国司法程序中著名的"米兰达警告"，也称"米兰达告诫""米兰达规则"，即嫌犯、被告人在被讯问时，有保持沉默和拒绝回答的权利。

以上这种情形并不是美国警察在做秀，而是美国法律对司法人员的规定和要求。“米兰达警告”是如今美国警方和检察官必须遵守的法律，它的依据是1791年颁布的美国《宪法第五条修正案》。宪法修正案明确了公民的权利，即任何组织和个人不得强迫公民说出不利于自己的话，不得强迫公民自证其罪。简而言之，在法庭判决有罪以前，任何公民都是无罪的，嫌犯保持沉默和拒绝回答的权利是减少和杜绝冤假错案不可或缺的人权。因此，在现实生活中，当警察逮捕嫌犯时，一定要向他宣读“米兰达警告”，这是讯问嫌犯前必须履行的法定手续。

“米兰达警告”这一具有里程碑历史意义的司法规则，源自一起普通的刑事案件。1963年，一个名叫恩纳斯托·米兰达的23岁的无业青年，因涉嫌强奸和绑架一名18岁的弱智少女，在亚利桑那州凤凰城被捕。在审讯前，警察没有告诉米兰达有保持沉默的权利。经过连续两小时的审讯，米兰达承认了罪行，签下了一份自白书。但过后不久，他就向美国最高法院提起了诉讼，以警察没有事先告诉嫌犯的权利为由，申请将他的供词认定为“非法证据”。但是，法官毫不客气地驳回了他的申请。虽然宪法修正案已经存在了近两百年，可当时的美国司法部门一直习惯于只要是嫌犯自愿作出的坦白，都可以作为呈堂证供定他的罪，并不强调警察必须事先告知嫌犯享有什么样的权利。所以，米兰达的自白书还是作为他犯罪的主要证据。1963年6月27日，法庭以绑架、强奸两罪判处米兰达20至30年监禁。但是米兰达不服，他以自己“没有被告知权利”作为理由，一路上诉到联邦最高法院。

1966年，以厄尔·沃伦为首席法官的最高法院作出裁决，判决米兰达的供词无效，将案件发回重审。沃伦运用司法审查权，对宪法有关沉默权的规定做出解释，指出在警方审讯室里应该做和不应该做的：“在审问任何人之前，必须告诉他有保持沉默的权利；他的供词将作为犯罪的证据，他有权委托律师，不论是聘请的还是指定的。”这就是“米兰达警告”。而这个复审的过程，实际上是对《宪法第五条修正案》作出解释。

其实，“米兰达警告”的出发点是防止执法官员滥用职权，特别是要防止由于逼供使合法公民沦为“罪犯”而造成冤案。从此，美国所有的警察在讯问嫌犯前，都必须将“米兰达警告”先告诉嫌犯，不管这位警察那时候是多么繁忙、多么匆忙、心情多么糟糕、形势多么紧张。而这也是法律谚语“你有权保持沉默”的由来。而在我国刑诉法中，虽然没有写上“你有权保持沉默”这句话，但强调了“重证据不重口供”的办案原则，你不开口，警察也不能撬开你的嘴巴，等于默认了我国公民也享有沉默权。

完整的“米兰达警告”包括四点内容：一是，你有权保持沉默；二是，你说的任何话，有可能在法庭上成为对你不利的证据；三是，如果你打算放弃你的沉默权，你有权在接受讯问时有律师在一旁帮助你；四是，如果你请不起律师，政府可以派一个律师给你。但是，要使全国所有的警察都能准确发出“米兰达警告”，还真不是一件简单的事情。有时候讯问的嫌犯还说不好英语，所以不少警察部门将“米兰达警告”用不同语言印成像信用卡一样的卡片，到时候选一张，让嫌犯自己读一遍，以确保传达了“米兰达警告”。这就是“米兰达警告卡”。

在刑事诉讼中，无视犯罪嫌疑人的合法权利容易造成冤假错案，但无原则地保护犯罪嫌疑人则会放纵犯罪。如何有效地、合理地把握这一平衡，人们的看法并不一致。对米兰达案的裁决在美国也引起了一场轩然大波。就案件复审过程中最高法院内部的分歧就非常大，最后也仅以5比4的结果表决通过。当时持反对意见的大法官哈兰就说：“显然，这种趋向意味着在执法过程中，口供正在逐渐失去其合法手段的作用。”许多警察也指责最高法院姑息犯罪，讽刺说这是“在我们社会中像打击犯罪势力一样地削弱维护社会安宁的力量”。而且还有人说：“这说明了美国司法罔顾正义、是非错位，使司法的效率达到了最低点。”甚至“弹劾厄尔·沃伦”的标语在美国各地街头出现。米兰达一案裁决后仅仅两年，美国国会就通过了联邦《刑法》第三千五百零一条，规定只要嫌犯的坦白是“自愿”的，就可以在法庭上作为合法证据，试图取消“米兰达警告”对警察执法的限制。但“米兰达警告”从未被推翻，在过去的30多年里，负责执法的联邦司法部从来没有援引《刑法》第三千五百零一条，而只是要求全国警察遵从“米兰达警告”。这种处理危机的态度，极具美国智慧。“米兰达警告”已经成为美国文化的一部分。另外，从民权运动的角度，“米兰达警告”被看做是司法系统保护公民不受政府强权的滥权枉法，使民权保障达到了最高点。

尽管有不同的看法和争论，但“米兰达警告”还是一直保留了下来。这体现了法治国家对程序的崇尚，对“程序正义”的高度重视。尽管严格按照程序办事在个别情况下未能实现正义，但是，如果没有正当程序，则可以想见，在大多数场合将无法实现正义。

你有权保持沉默不等于你犯了罪就可以逃脱司法的追诉。那么，你一定想知道米兰达一案发回重审的结果吧！最高法院作出米兰达一案裁决以后，米兰达一案重新开庭，重新甄选陪审员，重新递审证据。米兰达本人原来的自白书自然不能用了，幸好检方找到了新的证据。因为米兰达曾经跟以前的女朋友吹嘘过自己的犯罪经历，警察找到了这个女人，让她在法庭上作了证。米兰达再次被判有罪。米兰达以一个罪犯的身份也为法律的完善做出了贡献，虽然他自己的动机是希望逃避或减轻法律的惩罚，但是，美国司法机构却因此完善了保护民权的司法程序。

撰写/徐渭清

我有一个梦想

——马丁·路德·金领导的美国黑人民权运动

美国当地时间2011年1月17日，作为NBA联盟头号黑人明星的科比推出了Nike ZK6“BHM”（黑色历史月）纪念版球鞋，并在比赛中穿上这款特殊版的ZK6。这天是马丁·路德·金纪念日，鞋垫和鞋舌后方会有“XXXV”35周年字样，右脚鞋垫上还写着一句话：“克服所有的不平等，用你的行动产生影响，最终改变世界。”所有NBA球场上的黑人球员当然也不会忘记马丁·路德·金，在纪念日当天的NBA比赛中，球员们都会穿上特殊款式的球鞋，表达对这位一生追求平等的黑人牧师的感激和怀念。

马丁·路德·金是美国的一个黑人牧师，他一生追求黑人权利的平等，1963年8月28日的那场演讲《我有一个梦想》的影响力迫使美国国会在1964年通过《民权法案》，宣布种族隔离和种族歧视政策为非法政策。在他被谋杀之后，1983年，美国总统里根签署法令，规定从1986年起，每年1月的第三个星期一为美国的马丁·路德·金全国纪念日（缩写为MLK）。

在这一天，美国的学校、政府和联邦机构都不开放。各地会举行安静的追思仪式以及为追悼马丁·路德·金而举行的隆重的纪念仪式。在此之前的星期天，所有地区的牧师都会进行特殊布道，提醒每个人缅怀一生追求平等的马丁·路德·金。整个周末，知名的广播电台会播放一些讲述公民权利运动的歌曲和演说。电视台会播出特别节目，介绍马丁·路德·金的生平。在马丁·路德·金日，放假的学生会被学校组织到校外参加公益活动。

2011年1月7日，美国总统奥巴马以身示范，带领妻子和两个女儿来到华盛顿的斯图尔特霍布森中学，参与学校的社区活动。奥巴马在随后的发言中说："马丁·路德·金梦想在我们的社会推行公正和平等，他也有服务社会的梦想。他希望，我们人人都成为服务社会的领袖，也希望我们担负起回馈社会的责任。"

在马丁·路德·金日，参与社区服务是奥巴马一家已坚持了3年的传统。他的第一次社区服务是在发表就职演说前夜完成的。2010年，他们全家在一个慈善场所为穷人发放食品。奥巴马说："这是我们一家庆祝这一天的方式，就是为确保我们能回馈给社会一些东西。"

马丁·路德·金，1929年1月15日出生于佐治亚州的亚特兰大市，他的父亲是教会牧师，母亲是教师。15岁时聪颖好学的他以优异的成绩进入摩尔豪斯学院攻读社会学，后获得文学学士学位。1951年，他又获得柯罗泽神学院学士学位。1955年，他从波士顿大学获得神学博士学位。1954年，他到蒙哥马利担任德克斯特大街浸礼会教堂牧师。

1955年12月1日，美国亚拉巴马州蒙哥马利市的一名叫罗莎·帕克斯的42岁黑人女缝工上了一辆公共汽车。这天她感到很疲乏，于是，便找了个座位坐下。这时乘客满了，司机叫她站起来让位给一个白种男人。黑人给白人让座，是南部的老习惯了。再说，不听司机指挥也是犯法的。但帕克斯太太这时想了一想，回答说她不让。12月5日，她被捕了，罪名是行为失检，罪名成立，被罚款10美元。帕克斯被捕事件意外地造成了美国历史上一场惊天动地的人权运动。帕克斯被捕后的第二天，当地黑人领袖召开会议，他们决定从12月5日开始抵制所有的公共汽车。他们通知汽车公司，如果不允许黑人按先来先占位的原则就座，那么他们的汽车就不会再有黑人乘坐了。马丁·路德·金，一个26岁的黑人牧师成为这次活动的人权领袖。他领导人们开始了长达381天的抵制公共汽车运动。

在这次的公共汽车抵制运动中，马丁·路德·金说了这样一些话："这不是黑人白人在闹紧张关系，这完全是一场正义和非正义之间的斗争。我们不仅要改善蒙哥马利黑人的地位，我们的目的是要使整个蒙哥马利获得进步。纵然我们每天被逮捕，纵然我们每天受剥削，纵然我们每天吃败仗，也别堕落到对那些人怀恨在心的地步。"

就这样，公共汽车抵制运动在和政府僵持了3个月之后，蒙哥马利市检察官拿出了一份1921年的限制工会的《反劳工法》。法院的大陪审团以此为根据，对马丁·路德·金和另外140名黑人领导人提出控告。1956年3月下旬，马丁·路德·金首先出庭受审，罪名是"毫无正当理由或合法口实"，阴谋阻挠公共汽车公司的正当营业。法官判他有罪，罚款1000美元，并承担全部诉讼费用，判决结果出来后，当地的黑人立即在法院外面的草坪上举行集会。会上决定当晚举行一次群众祈祷大会。

蒙哥马利的黑人们坚持不坐公共汽车，使汽车公司受到了很大的冲击，负债累累，汽车司机纷纷改行。很多黑人已经习惯步行上班了，有些人买了自行车。为了解决其余一些人的问题，马丁·路德·金组织了一个大规模的汽车互助组，集中了两百辆汽车。但蒙哥马利市市长竟宣布马丁·路德·金的这种活动是非法的，于是在公共汽车抵制运动进入第十二个月后，马丁·路德·金和另外一些黑人领袖便以未经许可擅自经营企业的罪名被捕了。正在州巡回法院审理这件案子时，传来了好消息——联邦最高法院决定在公共交通事业中取缔"座位隔离"的规定。这样，公共汽车上搞种族歧视就违反联邦法令了。马丁·路德·金自由了，而且成了世界名人。

这场史无前例的抵制运动确实给了亚拉巴马州的种族隔离以沉重的打击。美国各地的黑人从中看到了新希望。这位年轻黑人牧师从此一跃而成为民权斗争的最高领导。1963 年 8 月 28 日，马丁·路德·金在华盛顿主持了一次有 25 万人参加的集会，然后他领导群众从华盛顿纪念碑下游行到林肯纪念堂。数百万人观看了那次盛会，许多人至今记忆犹新。

马丁·路德·金在那次群众大会上发表了一篇使美国人民难忘的演说。他说："我的这个理想主要来源于美国的梦想。我梦想将来有一天我们这个国家挺身屹立，真正实践它的这一信条，即我们认为这些真理是不言自明的，所有的人生来平等。""梦想将来在佐治亚州的红色山岗上，昔日奴隶的儿子与奴隶主的儿子，情同手足，同席而坐，甚至梦想将来在密西西比州自由与正义替代压迫与剥削。""梦想她的人民最终获得自由，获得自由，感谢上帝，我们最终能获得自由。"

在马丁·路德·金的领导下，民权运动迅速蔓延。在 1964 年，美国政府通过了著名的《民权法案》，取消了公共场所的种族隔离政策。1964 年 11 月，由于马丁·路德·金对美国的反对种族歧视、争取黑人自由平等的斗争所做的杰出贡献，他获得了该年度的诺贝尔和平奖。1968 年 4 月 4 日，马丁·路德·金被一个白人种族主义者枪杀，死时年仅 39 岁。这个事件引起了全世界的谴责，美国国内也群情激昂。为了平息民愤，约翰逊总统下令将马丁·路德·金受害的那天定为全国悼念日，联邦法院将凶手判处 99 年监禁。

美国总统里根于 1983 年签署了一项法令，法令规定：从 1986 年起，每年 1 月的第三个星期一为马丁·路德·金纪念日，该法令于 1984 年底获国会批准。在此之前，以个人诞辰日作为全国纪念日的美国公民，只有"美国国父"华盛顿总统 1 人。1986 年 1 月 15 日，美国各地群众隆重举行了马丁·路德·金纪念活动周；1 月 20 日，联合国秘书长德奎利亚尔宣布，从 1987 年起，马丁·路德·金诞辰日也将成为联合国的纪念日之一。

马丁·路德·金当年在林肯纪念堂发出的呼唤，对美国社会来说，不仅仅意味着争取个人权利，更意味着对和平、宽容和公正的追求。

参考文献：

陈伟、孔新峰：《政治学的故事》，国际文化出版公司 2007 年第 1 版。

易中天：《费城风云：美国宪法的诞生和我们的反思》，广西师大出版社 2008 年第 1 版。

房龙：《人类的故事》，三联书店出版社 1988 年第 1 版。

房龙：《宽容》，三联书店出版社 1985 年第 1 版。

杨天石：《找寻真实的蒋介石——蒋介石日记解读》，山西人民出版社 2008 年第 1 版。

杨奎松：《开卷有益》，江西人民出版社 2008 年第 1 版。

（美）伊佩霞：《剑桥插图中国史》，山东画报出版社 2001 年第 1 版。

（法）孟德斯鸠：《论法的精神》，商务印书馆 1963 年第 1 版 1997 年印刷。

（法）托克维尔：《论美国的民主》，商务印书馆 2006 年版。

夏勇：《朝夕问道——政治法律学札》，上海三联书店 2004 年第 1 版。

余定宇：《寻找法律的印记》，法律出版社 2004 年 1 月第 1 版。

（美）斯坦利·L·布鲁、兰迪·R·格兰特：《经济思想史》，北京大学出版社 2008 年第 1 版。

王雪梅、谢实：《西方经济简史》，云南人民出版社 2005 年第 1 版。

黄友牛：《经济学的故事》，国际文化出版公司 2005 年第 1 版。

（德）马克斯·韦伯：《新教伦理与资本主义精神》，陕西师范大学出版社 2006 年版。

（英）亚当·斯密：《国富论》，陕西师大出版社 2010 年版。

蒋来用、高莉：《法学的故事》，中国和平出版社 2006 年第 1 版。

（美）斯塔夫里阿诺斯：《全球通史》，北京大学出版社 2006 年版。

（美）帕特里夏·奥坦伯德·约翰逊：《阿伦特》，中华书局 2006 年第 1 版。

（美）马歇尔·米斯纳：《霍布斯》，中华书局 2002 年第 1 版。

（美）加勒特·汤姆森：《康德》，中华书局 2002 年第 1 版。

凤凰网历史频道：http：//news. ifeng. com/history/

新浪网读书频道—人文历史馆：http：//book. sina. com. cn/history/